Scrum Taschenbuch

Other publications by Van Haren Publishing

Van Haren Publishing (VHP) specializes in titles on Best Practices, methods and standards within four domains:
- IT and IT Management
- Architecture (Enterprise and IT)
- Business Management and
- Project Management

Van Haren Publishing offers a wide collection of whitepapers, templates, free e-books, trainer materials etc. in the **Van Haren Publishing Knowledge Base**: www.vanharen.net for more details.

Van Haren Publishing is also publishing on behalf of leading organizations and companies: ASLBiSL Foundation, BRMI, CA, Centre Henri Tudor, Gaming Works, IACCM, IAOP, Innovation Value Institute, IPMA-NL, ITSqc, NAF, KNVI, PMI-NL, PON, The Open Group, The SOX Institute.

Topics are (per domain):

IT and IT Management	Enterprise Architecture	Project Management
ABC of ICT	ArchiMate®	A4-Projectmanagement
ASL®	GEA®	DSDM/Atern
CATS CM®	Novius Architectuur Methode	ICB / NCB
CMMI®	TOGAF®	ISO 21500
COBIT®		MINCE®
e-CF	**Business Management**	M_o_R®
ISO 20000	*BABOK® Guide*	MSP®
ISO 27001/27002	BiSL® and BiSL® Next	P3O®
ISPL	BRMBOK™	*PMBOK® Guide*
IT4IT®	BTF	PRINCE2®
IT-CMF™	EFQM	
IT Service CMM	eSCM	
ITIL®	IACCM	
MOF	ISA-95	
MSF	ISO 9000/9001	
SABSA	OPBOK	
SAF	SixSigma	
SIAM	SOX	
	SqEME®	

For the latest information on VHP publications, visit our website: www.vanharen.net.

Scrum
Taschenbuch

Gunther Verheyen

Deutsche Übersetzung:

Peter Götz und Uwe M. Schirmer

Colophon

Title:	Scrum Taschenbuch
Subtitle:	Ein Wegweiser für den bewussten Entdecker
Series:	Best Practice
Author:	Gunther Verheyen
German translation:	Peter Götz
	Uwe M. Schirmer (Sopra Steria Consulting)
Reviewers (English version):	Ken Schwaber (Scrum co-creator, Scrum.org)
	David Starr (Agile Craftsman, Microsoft)
	Ralph Jocham (Agile Professional, effective agile)
	Patricia Kong (Director of Partners, Scrum.org)
Reviewers (German translation):	Jean Pierre Berchez (Scrum events)
	Dominik Maximini (Novatec)
	Thomas Barber (Sopra Steria Consulting)
	Anke Scheuber (Sopra Steria Consulting)
Text editor (German translation):	Monika Dauer
Publisher:	Van Haren Publishing, Zaltbommel, www.vanharen.net
ISBN hard copy:	978 94 018 0089 1
ISBN eBook:	978 94 018 0088 4
Edition (English version):	First edition, first impression, September 2013
Edition (German translation):	First edition, first impression, March 2017
Layout and typesetting:	Coco Bookmedia, Amersfoort - NL
Copyright:	© Van Haren Publishing, 2013, 2017

For any further enquiries about Van Haren Publishing, please send an e-mail to: info@vanharen.net

Although this publication has been composed with most care, neither Author nor Editor nor Publisher can accept any liability for damage caused by possible errors and/or incompleteness in this publication.

No part of this publication may be reproduced in any form by print, photo print, microfilm or any other means without written permission by the Publisher.

Vorwort von Ken Schwaber (Originaltext)

An outstanding accomplishment that simmers with intelligence.

Scrum – A Pocket Guide is an extraordinarily competent book. Gunther has described everything about Scrum in well-formed, clearly written descriptions that flow with insight, understanding, and perception. Yet, you are never struck by these attributes. You simply benefit from them, later thinking, "That was really, really helpful. I found what I needed to know, readily understood what I wanted, and wasn't bothered by irrelevancies."

I have struggled to write this foreword. I feel the foreword should be as well-written as the book it describes. In this case, that is hard. Read Gunther's book. Read it in part, or read it in whole. You will be satisfied.

Scrum is simple, but complete and competent in addressing complex problems. Gunther's pocket guide is complete and competent in addressing understanding a simple framework for addressing complex problems, Scrum.

Ken, August 2013

Ein herausragendes Werk, das vor Einsicht und Erkenntnis sprudelt

Das *Scrum Taschenbuch* ist ein Buch von außergewöhnlicher Kompetenz. Gunther hat jeden Aspekt von Scrum in durchdachten, klar formulierten Worten voller Einsicht, Verständnis und Erkenntnis beschrieben, ohne den Leser zu überfordern. Vielmehr profitiert er einfach von der Lektüre und denkt sich danach: „Das war jetzt wirklich hilfreich. Ich habe gefunden, was ich gesucht habe. Ich habe es verstanden und ich wurde nicht durch unwichtige Details abgelenkt."

Es war eine schwierige Aufgabe, dieses Vorwort zu schreiben, weil ich das Gefühl hatte, dass ein Vorwort genauso gut geschrieben sein sollte, wie das Buch, auf das es sich bezieht. Im vorliegenden Fall ist das schwer. Lesen Sie Gunthers Buch. Lesen Sie es in Teilen oder als Ganzes. Sie werden zufrieden sein.

Scrum ist einfach, aber vollständig und kompetent, wenn es darum geht, komplexe Probleme zu lösen. Gunthers Taschenbuch ist vollständig und kompetent, wenn es darum geht, ein einfaches Framework zur Lösung komplexer Probleme zu verstehen: Scrum.

Ken, August 2013

Vorwort (Originaltext)

The use of Agile methods continues to grow traction and Scrum is the most widely adopted method for Agile software development. The general level of interest in Scrum is therefore considerable.

Transforming an organization's development approach to Scrum represents quite a challenge. Scrum is not a cookbook 'process' with detailed and exhaustive prescriptions for every imaginable situation. Scrum is a *framework* of principles, roles and rules that thrive on the *people* doing Scrum. The true potential of Scrum lies in the discovery and *emergence* of practices, tools and techniques and in optimizing them for each organization's specific context. Scrum is very much about behavior, much more than it is about process.

The benefits an organization realizes with Scrum depend on the will to remove barriers, think across boxes and embark on a journey of discovery.

The journey starts by playing Scrum. This requires knowledge of the rules of Scrum. This book describes these. This book shows how Scrum implements the Agile mindset, what the rules of the game of Scrum are, and how these rules leave room for a variety of tactics to play the game. The introduction of all essentials of Scrum and the most common tactics for Scrum makes this book a worthwhile read for people, teams, managers and change agents, whether they are already doing Scrum or want to embark on the journey of Scrum.

Ten years ago I started my journey, my path of Agility via Scrum. It has inevitably been a cobblestone path. On my journey I have used Scrum with plenty of teams, in various projects, and at different organizations. I have worked with both large and small enterprises and have coached teams as well as executive management. I was in the fortunate position of then moving to Scrum.org. It's where I shepherd the 'Professional' series of Scrum trainings, courseware and assessments.

I thank Ken Schwaber, David Starr, Ralph Jocham, and Patricia Kong for reviewing early versions of this book and improving it with much appreciated feedback.

I thank all at Van Haren Publishing for their trust and confidence, and for giving me the chance to express my views on Scrum with this book.

I thank my colleagues at Scrum.org for our daily collaboration, the positive action and the energy, and especially Ken Schwaber for our exquisite partnership.

Enjoy reading, and… keep Scrumming.

Gunther, June 2013

Deutsche Übersetzung

Die Verwendung agiler Methoden gewinnt weiterhin an Fahrt und Scrum ist die am häufigsten verwendete Methode der agilen Softwareentwicklung. Das Interesse an Scrum ist deshalb enorm.

Es ist eine gewaltige Herausforderung, den Entwicklungsansatz einer Firma nach Scrum zu transformieren. Scrum ist kein „Prozess" mit detaillierten und umfangreichen Beschreibungen für jede denkbare Situation. Scrum ist ein *Framework* aus Prinzipien, Rollen und Regeln, die erst durch die *Menschen*, die Scrum verwenden, zum Leben erweckt werden. Das wahre Potential von Scrum liegt in der Entdeckung und *Entstehung* von Praktiken, Werkzeugen und Arbeitsweisen, die für den jeweiligen Kontext der Organisation angepasst und optimiert werden. Scrum hat mehr mit Verhalten zu tun, als mit Prozessen.

Welche Vorteile eine Organisation durch Scrum erlangt, hängt von ihrem Willen ab, Barrieren einzureißen, um die Ecke zu denken und sich auf eine Entdeckungsreise zu begeben.

Die Reise beginnt mit der Anwendung der Scrum Regeln, die man dazu kennen muss. Dieses Buch beschreibt sie. Es zeigt, wie Scrum die agile Geisteshaltung umsetzt, was die Regeln des Scrum Spiels sind und wo die Regeln Raum für Variationen der Spieltaktik lassen. Die Vorstellung aller Scrum Grundlagen und der gebräuchlichsten Taktiken machen dieses Buch für Menschen, Teams, Manager und Berater lesenswert, egal ob sie bereits Scrum einsetzen oder vorhaben, die Reise mit Scrum erst anzutreten.

Ich habe meine Reise 2003 begonnen, meinen Pfad zur Agilität durch Scrum. Es war ein Pfad mit vielen Hindernissen. Auf meinem Weg habe ich Scrum mit vielen Teams eingesetzt, in verschiedenen Projekten und in unterschiedlichen Organisationen. Ich habe mit großen und kleinen Firmen gearbeitet und Teams sowie das Management gecoacht. Ich war in der glücklichen Position, danach zu Scrum.org wechseln zu können. Hier umsorge ich die „Professional"- Serie der Scrum Trainings, Kursunterlagen und Zertifizierungen.

Ich danke Ken Schwaber, David Starr, Ralph Jocham und Patricia Kong dafür, dass sie frühe Versionen des Buchs gelesen und es durch Ihr Feedback verbessert haben, das ich dankbar angenommen habe.

Ich danke allen bei Van Haren Publishing für ihr Vertrauen und dafür, dass sie mir die Chance gegeben haben, meine Ansichten zu Scrum in diesem Buch auszudrücken.

Ich danke meinen Kollegen bei Scrum.org für unsere tägliche Zusammenarbeit, die positive Arbeit und Energie. Und besonders danke ich Ken Schwaber für unsere herausragende Partnerschaft.

Viel Spaß beim Lesen, und ... "Keep Scrumming".

Gunther, Juni 2013

Erweitertes Vorwort zur Deutschen Ausgabe (Originaltext)

This book, the „Scrum Taschenbuch" was originally published in English as *Scrum – A Pocket Guide (A Smart Travel Companion)* in November 2013.

Over the years, preceding the publication of my pocket guide to Scrum and up to today, I have had the privilege to speak about Scrum at several community events in Germany, as well as work with some great friends of Scrum, Professional Scrum and other trainers, practitioners, coaches, teams, organisations. It is amazing to have witnessed Scrum taking ever more firmly root in Germany.

When Uwe (Schirmer) approached me to translate my book in German in pair with Peter (Götz), I was honoured. I quickly overcame some initial hesitance knowing the translation to be in the hands of craftsmen. I knew Peter and Uwe well enough to know that we share the spirit of simplicity that is so essential in Scrum and that I wanted to be reflected in my book. From translating my book to Dutch in early 2016 I remembered the effort that goes into such an endeavour, when done well. Creating a clean and simple book is no different from creating fewer lines of code that still do the work. It takes a lot of hard work. It takes a belief in excellence, dedication and persistence. Uwe and Peter have shown those traits. I have especially enjoyed the sessions in which we talked about the intent and spirit of my book, the choices of words and phrases.

I hope this German version, this "Scrum Taschenbuch", turns out to become a source of inspiration for the many German-speaking people interested in Scrum, whether it serves to help them get started, to reground, to refresh or confirm insights, or just… to amuse.

I thank the people that contributed by critically reviewing the Scrum Taschenbuch; Jean Pierre Berchez, Dominik Maximini, Thomas Barber, Anke Scheuber. They provided Peter and Uwe with important feedback, on the content, the style, the translations.

I thank Van Haren Publishing for the continued belief, trust and support.

Enjoy reading. Keep Scrumming. Be unique.

Gunther, December 2016

Deutsche Übersetzung

Dieses Buch, das „Scrum Taschenbuch" wurde ursprünglich im November 2013 auf Englisch als *Scrum - A Pocket Guide (A Smart Travel Companion)* veröffentlicht.

Über die Jahre, von der Veröffentlichung meines Taschenbuchs zum Thema Scrum bis heute, hatte ich das Privileg, auf verschiedenen Community Events in Deutschland über Scrum zu sprechen, sowie mit einigen guten Freunden von Scrum, Professional Scrum und anderen Trainern, Praktikern, Coaches, Teams und Organisationen zu arbeiten. Es war großartig zu sehen, wie Scrum in Deutschland immer festere Wurzeln schlägt.

Als Uwe (Schirmer) mich darauf ansprach, mein Buch zusammen mit Peter (Götz) zu übersetzen, fühlte ich mich geehrt. Ich überwand schnell das anfängliche Zögern, weil ich wusste, dass die Übersetzung in guten Händen war. Ich kannte Peter und Uwe gut genug, um zu wissen dass wir den Geist der Einfachheit teilen, der in Scrum so unentbehrlich ist und den ich in meinem Buch widerspiegeln wollte. Von meiner eigenen Übersetzung ins Holländische Anfang 2016 erinnerte ich mich an den Aufwand, den eine solche Aufgabe mit sich bringt, wenn man es richtig macht. Ein einfaches und einwandfreies Buch zu schreiben ist nicht viel anders, als weniger Code zu schreiben, der eine Aufgabe gleich gut erfüllt. Es erfordert eine Menge harter Arbeit. Es braucht den Glauben an Spitzenleistung, Hingabe und Beständigkeit. Uwe und Peter haben diese Eigenschaften gezeigt. Ich habe besonders die Diskussionen genossen, in denen wir über die Absicht und den Geist meines Buchs geredet haben, die Wahl der Worte und Sätze.

Ich hoffe, dass diese deutsche Version, dieses „Scrum Taschenbuch", zu einer Quelle der Inspiration für viele deutschsprachige Menschen wird, die an Scrum interessiert sind. Egal ob es ihnen dabei hilft, neu oder von neuem zu beginnen, Wissen aufzufrischen oder Erkenntnisse zu bestätigen ... oder einfach der Unterhaltung dient.

Ich danke den Menschen, die dazu beigetragen haben, indem sie das Scrum Taschenbuch kritisch rezensiert haben: Jean Pierre Berchez, Dominik Maximini, Thomas Barber und Anke Scheuber. Sie haben Peter und Uwe wichtiges Feedback zum Inhalt, zum Stil und zur Übersetzung gegeben.

Ich danke auch Van Haren Publishing für den unerschütterlichen Glauben an das Projekt, das fortlaufende Vertrauen und die kontinuierliche Unterstützung.

Viel Spaß beim Lesen. Keep Scrumming. Seid einzigartig.

Gunther, Dezember 2016

Anmerkungen der Übersetzer

In der Vergangenheit wurden wir in unseren Trainings und von unseren Kunden häufig nach guten Büchern für den Einstieg in Scrum und zur Vorbereitung auf die Professional Scrum Assessments gefragt. Gerne haben wir dann Gunthers *Pocket Guide* empfohlen, auch wenn das Buch nur auf Englisch (und seit letztem Jahr auf Holländisch) verfügbar war. Deshalb war es uns eine besondere Ehre, es übersetzen zu dürfen.

Gunthers Buch ist bewusst kurz und knapp gehalten und die Informationsdichte ist sehr hoch. Wir möchten deshalb einige Punkte erläutern, die Gunther und uns bei der Übersetzung besonders wichtig waren.

Wir haben uns bei der Übersetzung nicht nur an das englische Original gehalten, sondern hatten das Glück, dass Gunther sein Buch selbst in seine Muttersprache Holländisch übersetzt hat. Wir haben uns deshalb bei einigen Absätzen mehr an die holländische Variante gehalten, wenn wir den Eindruck hatten, dass diese im Deutschen besser funktioniert oder einen aktuelleren Standpunkt vertritt. Ansonsten haben wir versucht, konsequent deutsch zu schreiben, mit der Ausnahme von Begriffen, die in Scrum Eigennamen sind oder sogar im Duden zu finden sind (z.B. *Multitasking, Commitment*). Aufgrund seiner weiten Verbreitung haben wir konsequent den englischen Begriff „agile" verwendet, wenn es um agile Methoden geht.

Wir halten uns bei den Scrum Begriffen an die deutsche Übersetzung des Scrum Guide. Wir möchten, dass der Scrum Guide und das *Scrum Taschenbuch* zueinander passen, so wie es auch beim englischen Original der Fall ist. Deshalb gibt es einige Ausdrücke, die - zumindest für uns - am Anfang in ihrer Schreibweise gewöhnungsbedürftig waren, wie „Product Backlog-Eintrag" oder „zeitlich beschränkt" für *time boxed*.

Uns war sehr wichtig, zwischen *verantwortlich* und *zuständig* zu unterscheiden. Im Englischen sind die Begriffe *accountable* und *responsible* klar abgegrenzt. Im Deutschen verwendet man für beide Begriffe oft *verantwortlich*. Wenn wir von „verantwortlich" sprechen, dann ist es die Verantwortung, dass etwas geschieht. Bei „zuständig" ist es die Zuständigkeit, etwas zu tun.

Alle diese Dinge und noch viele weitere Punkte in dieser Übersetzung haben wir mit Gunther diskutiert. Wir danken Gunther für seine Geduld und Hilfsbereitschaft, uns immer und immer wieder individuelle Nachhilfe in Sachen Scrum für die Übersetzung dieses Buchs zu geben. Wir hoffen, wir werden den hohen Ansprüchen des Originals gerecht und wissen, dass alle Fehler, die es trotzdem in dieses Buch geschafft haben, auf unser eigenes Konto gehen.

Wir wollen an dieser Stelle auch noch einmal unseren Reviewern Anke, Dominik, Jean Pierre und Thomas für ihre grandiose Arbeit danken. Die vielen Anmerkungen und das kritische Hinterfragen unserer Übersetzung hat die Qualität des Ergebnisses deutlich erhöht.

Viel Spaß beim Lesen!

Peter und Uwe

Kritiken

This Scrum Pocket Guide is outstanding. It is well organized, well written, and the content is excellent. This should be the de facto standard handout for all looking for a complete, yet clear overview of Scrum.

(Ken Schwaber, Scrum co-creator, Scrum.org)

Gunther has expertly packaged the right no-nonsense guidance for teams seeking agility, without a drop of hyperbole. This is the book about agility with Scrum I wish I had written.

(David Starr, Agile Craftsman, Microsoft)

During my many Scrum training activities I often get asked: "For Scrum, what is the one book to read?" In the past the answer wasn't straight forward, but now it is! The Scrum Pocket Guide is the one book to read when starting with Scrum. It is a concise, yet complete and passionate reference about Scrum.

(Ralph Jocham, Agile Professional, effective agile.)

'The house of Scrum is a warm house. It's a house where people are WELCOME.' Gunther's passion for Scrum and its players is evident in his work and in each chapter of this book. He explains the Agile paradigm, lays out the Scrum framework and then discusses the 'future state of Scrum.' Intimately, in about 100 pages.

(Patricia M. Kong, Director of Partners, Scrum.org)

Deutsche Übersetzung

Dieses Scrum Taschenbuch ist herausragend. Es ist gut strukturiert, gut geschrieben und sein Inhalt ist ausgezeichnet. Es sollte das Standardwerk für alle sein, die nach einem vollständigen und klar formulierten Scrum Überblick suchen.

(Ken Schwaber, Scrum co-creator, Scrum.org)

Für Teams, die Agilität suchen, hat Gunther fachmännisch die genau richtige Anleitung erstellt, ohne zu übertreiben. Dies ist das Buch über Agilität mit Scrum, das ich gerne geschrieben hätte.

(David Starr, Agile Craftsman, Microsoft)

Während meiner vielen Scrum Trainings werde ich oft gefragt: „Was ist das eine Buch über Scrum, das ich unbedingt lesen sollte?" In der Vergangenheit war die Antwort nicht einfach, aber jetzt ist sie es! Das Scrum Taschenbuch ist dieses eine Buch, das man lesen sollte, wenn man mit Scrum anfängt. Es ist eine prägnante, vollständige und leidenschaftliche Referenz zu Scrum.

(Ralph Jocham, Agile Professional, effective agile.)

'Scrum ist ein offenes Haus, ein Zuhause, in dem Menschen WILLKOMMEN sind.' Gunthers Leidenschaft für Scrum und seine Spieler wird in seiner Arbeit und in jedem Kapitel dieses Buches sichtbar. Er erklärt das agile Paradigma, beschreibt das Scrum Framework und diskutiert dann die 'Zukunft von Scrum'. Kurz und knapp, auf lediglich 100 Seiten.

(Patricia M. Kong, Director of Partners, Scrum.org)

1 Das agile Paradigma

■ 1.1 EINE RADIKALE VERÄNDERUNG

Die Softwareentwicklung wurde lange Zeit von einer Weltanschauung *industrieller* Grundsätze und Überzeugungen beherrscht (Abbildung 1.1). Dabei wurden einfach die alten Produktionstechniken und -theorien auf die Softwareentwicklung übertragen. Der Ursprung liegt im Misstrauen des Taylorismus[1] gegenüber den „Arbeitern", denen man die Übernahme intelligenter oder kreativer Arbeiten nicht zutrauen könne. Sie sollten nur einfache Aufgaben ausführen, die von höhergestellten Personen – Vorgesetzten – vorbereitet, beschrieben und geplant wurden. Zusätzlich sollte das Ergebnis dieser detailliert vorbereiteten Arbeit durch Aufseher genauestens kontrolliert und überwacht werden. Qualität wird durch externe Kontrollen gewährleistet, die nach der Produktion stattfinden. Gute Ergebnisse werden akzeptiert, schlechte Ergebnisse werden zurückgewiesen. Finanzielle Anreize dienen dazu, das Ergebnis in die gewünschte Richtung zu beeinflussen. Unerwünschtes Verhalten wird bestraft, es herrscht das Prinzip von Zuckerbrot und Peitsche.

---

[1] Frederick Winslow Taylor (1856-1915) war ein US-amerikanischer Ingenieur. Er gilt als einer der Begründer der Arbeitswissenschaft. Von ihm stammt unter anderem „Scientific Management" und auf seinem Wirken basiert der sogenannte Taylorismus, der genaue Vorgaben für die Ausführung von Arbeit macht, die Kontrolle ausschließlich beim Management sieht und Arbeitern nur die Ausführung von Arbeiten zugesteht (Quelle: https://de.wikipedia.org/wiki/Frederick_Winslow_Taylor).

Abbildung 1.1 Das industrielle Paradigma

Die erheblichen Mängel dieses Ansatzes in der Softwareentwicklung sind bereits lange bekannt und beschrieben. Der Chaos Report der Standish Group hat wiederholt die niedrige Erfolgsrate der klassischen Softwareentwicklung nachgewiesen (Standish 2015). Viele der dort aufgeführten Defizite und Probleme in der Softwareentwicklung sind eine direkte Folge der Anwendung des industriellen Paradigmas. Unglücklicherweise wurden als Reaktion darauf nach und nach die Erwartungen gesenkt und akzeptiert, dass nur 10-20 % der Softwareprojekte erfolgreich sind. Beim industriellen Ansatz ist der Erfolg eine Kombination aus „termingerecht", „im Kostenrahmen" und „mit allen geplanten Funktionen". *Diese Erfolgskriterien mögen zwar umstritten sein, sind aber dennoch das Versprechen dieses Paradigmas.* Im Gegenzug dazu wird hingenommen, dass die Qualität niedrig ist und mehr als 50 % der Funktionen einer traditionell bereitgestellten Software gar nicht verwendet werden (Standish 2002).

Auch wenn es in der Regel nicht zugegeben wird, hat das industrielle Paradigma die Softwareindustrie doch in eine ernste Krise gestürzt. Viele haben versucht, diese Krise zu überwinden, indem sie den industriellen Ansatz noch rigoroser umgesetzt haben. In der Hoffnung, die Arbeit effektiver erledigen zu können, wurden mehr Pläne gemacht, mehr Phasen geplant, mehr Entwürfe angefertigt und mehr Aufwand in die Vorbereitung investiert. Der Grundgedanke, dass der „Arbeiter" mit detaillierten Anweisungen gesteuert werden muss, blieb erhalten. Die Überwachung der Arbeiter wurde erhöht und intensiviert.

Trotzdem hat sich wenig verbessert. Die Probleme blieben dieselben, der Anteil an Fehlern und Mängeln blieb hoch, die Qualität dafür niedrig. Überschreitungen des Budgets waren weit verbreitet.

Es dauerte etwas, aber die offensichtlichen Mängel des industriellen Paradigmas führten zwangsläufig zur Entwicklung neuer Ideen und Erkenntnisse. Der Samen für diese neue Weltsicht wurde bereits in den 1990er Jahren gesät. Es dauerte jedoch bis 2001, bis der Begriff „Agile" geprägt wurde: Ein Wendepunkt in der Geschichte der Softwareentwicklung. Ein neues Paradigma für die Softwareindustrie war geboren (Abbildung 1.2). Das agile Paradigma setzt auf Heuristik und Kreativität und verschafft so den Entwicklern die lange überfällige Anerkennung für ihre kreative und intellektuelle Arbeit.

Die Softwareindustrie hat gute Gründe, das neue Paradigma schnell anzunehmen. Die Mängel des bestehenden Ansatzes sind erheblich und allgemein bekannt, während gleichzeitig die Präsenz von Software in der Gesellschaft exponentiell steigt und sie damit zu einem kritischen Faktor unserer modernen Welt wird. Trotzdem braucht der Wechsel zu einem neuen Paradigma Zeit. Und das alte Paradigma scheint tief in der allgemeinen Denkweise verwurzelt zu sein. Der industrielle Ansatz in der Softwareentwicklung wird weiterhin als die einzig richtige Methode gelehrt und vorangetrieben.

Viele sagen, Agile sei zu radikal und propagieren deshalb eine schrittweise Einführung agiler Praktiken in existierende, traditionelle Prozesse. Man sollte jedoch skeptisch gegenüber einer schrittweisen Evolution sein, einer

Abbildung 1.2 Das agile Paradigma

langsamen Entwicklung vom alten zum neuen Paradigma - von Wasserfall zu Agile.

Die Wahrscheinlichkeit ist hoch, dass eine schrittweise Evolution nie in die Tiefe wirken wird und stattdessen nur an der Oberfläche kratzt. Neue Namen werden vergeben, neue Begriffe und Praktiken werden eingeführt, aber die grundlegende Denkweise und das Verhalten der Menschen und Organisationen bleiben bestehen. Grundlegende Schwächen bleiben unberührt, besonders fehlender Respekt gegenüber Menschen führt dazu, dass kreative und intelligente Köpfe weiter wie stumpfsinnige „Arbeiter" behandelt werden.

Wenn das traditionelle Fundament erhalten bleibt, werden auch existierende Daten, Metriken und Standards weiter genutzt, und das neue Paradigma wird an diesen alten Standards gemessen. Unterschiedliche Paradigmen folgen aber von Natur aus verschiedenen Konzepten und Ideen, die sich oft gegenseitig ausschließen. Deswegen ist im Allgemeinen kein sinnvoller Vergleich zwischen dem industriellen und dem agilen Paradigma möglich. Die gravierenden Mängel des alten Weges müssen ehrlich akzeptiert werden. Führungskräfte und Unternehmer müssen den Mut haben, den neuen Weg zu beschreiten und dabei das alte Denken abzulegen.

> *Eine schrittweise Veränderung zementiert den Status quo und erhält das industrielle Paradigma am Leben.*

Es gibt erdrückende Beweise, dass das alte Paradigma nicht funktioniert. Zu Beginn waren jedoch viele Erfolge mit agilen Vorgehensweisen geprägt durch persönliche Erfahrungen, Wahrnehmungen oder Meinungen. Der Chaos Report der Standish Group von 2011 markierte einen Wendepunkt. Es wurden umfassende Untersuchungen durchgeführt, um traditionelle und agile Projekte zu vergleichen. Der Bericht zeigt, dass ein agiler Ansatz in der Softwareentwicklung eine viel höhere Erfolgswahrscheinlichkeit hat. Selbst wenn man die alten Maßstäbe anlegt, dass Software „termingerecht", „im Kostenrahmen" und „mit allen geplanten Funktionen" ausgeliefert werden muss. Der Report zeigt, dass agile Projekte im Vergleich zu traditionellen Projekten drei Mal so erfolgreich waren und drei Mal seltener scheiterten. Betrachtet man bei den Erfolgsfaktoren schwerpunktmäßig die aktive Kundenzusammenarbeit und die regelmäßige Auslieferung eines *wertschöpfenden* Produkts, wird dieser Unterschied noch deutlicher.

Trotzdem sind agile Vorgehensweisen eine Option, kein Zwang. Sie sind eine Möglichkeit, die Softwareindustrie zu verbessern. Untersuchungen zeigen, dass sie erfolgreicher sind.

> *Scrum hilft.*

Die klaren Regeln von Scrum helfen beim Einstieg in das neue Paradigma. Die wenigen Vorschriften, die in den folgenden Kapiteln beschrieben

werden, erlauben es, sofort zu handeln, und führen so zu einer wirksamen
Übernahme des neuen Paradigmas. Scrum ist eine konkrete Möglichkeit,
das agile Paradigma anzuwenden. Durch Scrum entwickeln Menschen
eine neue Arbeitsweise: Durch neue Erkenntnisse, Experimente und
Zusammenarbeit. Sie erreichen einen neuen Zustand des Seins, den
Zustand der *Agilität*, einen Zustand kontinuierlicher Veränderung,
Weiterentwicklung und Verbesserung.

Die Erfahrung zeigt jedoch, dass die Einführung von Scrum trotz seiner
praxisnahen Zweckmäßigkeit einen gewaltigen Schritt darstellt Das mag
an der Unsicherheit liegen, alte Sicherheiten loszulassen, selbst wenn diese
erwiesenermaßen nicht zuverlässig sind. Es mag auch an der Zeit liegen, die
es braucht, eine tiefgreifende Veränderung herbeizuführen. Es mag an der
Entschlossenheit und der harten Arbeit liegen, die dazu notwendig ist.

■ 1.2　DIE WURZELN VON AGILE

Ungeachtet der Vorherrschaft von plangetriebenen, industriellen
Vorstellungen, ist ein evolutionärer Ansatz in der Softwareentwicklung
nicht neu. Craig Larman hat die historischen Vorläufer agiler Methoden
in seinem Buch „Agile & Iterative Development, A Manager's Guide"
(Larman, 2004) ausführlich beschrieben.

Die Bezeichnung „Agile" stammt allerdings aus dem Jahr 2001, als sich
17 führende Softwareentwickler im Snowbird Ski Resort in Utah getroffen
haben. Dort diskutierten sie ihre Sichtweise auf die Softwareentwicklung zu
einer Zeit, in der gescheiterte Implementierungen des Wasserfall-Prozesses
zunehmend durch den schwergewichtigen Rational Unified Process (RUP)
ersetzt wurden, welcher aber nicht zu besseren Ergebnissen führte. Diese
Vordenker folgten verschiedensten Ansätzen und Methoden, jede davon
eine eigenständige Umsetzung des neuen Paradigmas: Scrum, eXtreme
Programming, Adaptive Software Development, Crystal, Feature Driven
Development, DSDM und viele weitere.

Ein Ergebnis des Treffens war die Bezeichnung „Agile" für die gemeinsamen Prinzipien und Ansichten dieser führenden Entwickler und ihrer Methoden. Diese Prinzipien wurden als „Manifest für Agile Softwareentwicklung" (Beck, et.al., 2001) veröffentlicht (Abbildung 1.3).

Manifest für Agile Softwareentwicklung

Wir erschließen bessere Wege, Software zu entwickeln,
indem wir es selbst tun und anderen dabei helfen.
Durch diese Tätigkeit haben wir diese Werte zu schätzen gelernt:

Individuen und Interaktionen mehr als Prozesse und Werkzeuge
Funktionierende Software mehr als umfassende Dokumentation
Zusammenarbeit mit dem Kunden mehr als Vertragsverhandlung
Reagieren auf Veränderung mehr als das Befolgen eines Plans

Das heißt, obwohl wir die Werte auf der rechten Seite wichtig finden,
schätzen wir die Werte auf der linken Seite höher ein.

Abbildung 1.3 Der Text des Manifests für Agile Softwareentwicklung

Oft höre ich den Wunsch „Agile zu werden". Und allzu oft ist es der Wunsch nach einer magischen Lösung, einer Wunderwaffe, die alle Probleme löst. Darauf pflege ich zu antworten: *„Agile existiert nicht"*. Agile ist kein definierter Prozess, keine Methode und keine Praktik. Agile ist eine Sammlung von Prinzipien, die alle Methoden der agilen Softwareentwicklung gemeinsam haben. Agile bezieht sich auf diese Geisteshaltung, die Überzeugungen und die Vorlieben, die im Manifest für Agile Softwareentwicklung beschrieben wurden.

Das Manifest hilft dabei, die Ideen hinter Agile zu erfassen. Um es als Quelle für ein tiefergehendes Verständnis von Agile zu nutzen, empfehle ich eindringlich, einen Blick auf die 12 Prinzipien zu werfen, siehe

http://agilemanifesto.org/principles.html (englisches Original) oder
http://agilemanifesto.org/iso/de/principles.html (deutsche Übersetzung).

■ 1.3 DIE DEFINITION VON AGILE

Ich definiere „Agile" gerne über die folgenden grundlegenden Merkmale, die für agile Methoden typisch sind:

- Der Mensch im Fokus
- Dienendes Führen
- Iterativ-inkrementeller Prozess
- Messbarer Erfolg
- Veränderung

1.3.1 Der Mensch im Fokus

Die agile Softwareentwicklung folgt nicht einem detailliert ausgearbeiteten Plan, der beschreibt, wie bereits analysierte, geplante und in eine Architektur gegossene Anforderungen umgesetzt werden sollen. Vielmehr akzeptiert sie, dass Anforderungen nicht vorab bis ins letzte Detail beschrieben werden können.

Agile ist kein Prozess, bei dem unterschiedliche Zwischenergebnisse an verschiedene spezialisierte Abteilungen übergeben werden und jede Abteilung ihre speziellen Aufgaben unabhängig von den anderen abarbeitet.

Agile wird angetrieben durch die kontinuierliche Zusammenarbeit von Menschen aus allen erforderlichen Abteilungen, unabhängig davon ob sie fachliche Verantwortung tragen oder der IT, dem Marketing, dem Vertrieb, dem Kundenservice, dem Betrieb oder dem Management angehören.

Menschen werden für ihre Kreativität, ihre Intelligenz und ihre Fähigkeit zur Selbstorganisation geschätzt. Sie werden dafür geschätzt, ein Problem ohne überflüssige Rituale oder unnötige Bürokratie zu verstehen und zu lösen. Denn überflüssige Rituale führen lediglich dazu, dass echte Zusammenarbeit, Innovation und Verantwortlichkeit ersetzt werden durch Bürokratie, Papierkram, Übergaben und administrative Ausreden.

Die von Menschen aufgewendete Zeit wird durch die Idee der *vertretbaren Arbeitsgeschwindigkeit* (engl. *sustainable pace*) respektiert. Die Arbeit wird dabei so organisiert, dass das Arbeitstempo endlos aufrechterhalten werden kann, ohne dass die Arbeitenden Schaden nehmen oder ausbrennen.

1.3.2 Dienendes Führen

Agile kommt ohne traditionelle Befehls- und Kontrollmechanismen aus, bei denen Individuen täglich detaillierte Aufgaben zugewiesen und die Ergebnisse genauestens kontrolliert werden.

Agile Teams werden durch *dienende Führung* (engl. *servant leadership*) unterstützt. Grenzen definieren den Rahmen für die Selbststeuerung, innerhalb dessen dem Team ein Ziel und eine Richtung vorgegeben werden. Dieser Rahmen führt zu subtiler Kontrolle.

1.3.3 Iterativ-inkrementeller Prozess

Agile Prozesse sind nicht frei von Regeln. Agile Prozesse sind wohldefiniert und erfordern ein hohes Maß an Disziplin.

Produkte werden Stück für Stück erschaffen (*inkrementell*), wobei jedes Teilstück durch Erweiterung, Verbesserung oder Veränderung entsteht. Diese neu erschaffenen Teile und das Produkt als Ganzes werden regelmäßig überprüft (*iterativ*), um die Integrität des gesamten Produkts zu gewährleisten.

Agile erfordert die explizite Aufmerksamkeit aller Beteiligten im Hinblick auf Qualität und erstklassige Leistung. Agile räumt mit der Vorstellung auf, dass sich diese einfach in Dokumenten und auf Papier beschreiben lassen.

1.3.4 Messbarer Erfolg

Fortschritt in der Softwareentwicklung kann nicht durch die bloße Einhaltung von Plänen, Meilensteinen, Dokumenten, Übergaben, Unterschriften, Genehmigungen oder anderen rituellen Verpflichtungen gemessen oder garantiert werden, wie das unter dem industriellen Paradigma praktiziert wird.

Mit Agile können Erfolg und Fortschritt in der Softwareentwicklung nur durch *funktionierende Software* erreicht werden, die regelmäßig auf ihren *Wert* für den Anwender hin überprüft wird.

Es liegt im Wesen der Softwareentwicklung, dass die zukünftigen Anwender einer Software ihre praktische Einsatzfähigkeit und ihren Nutzen erst beurteilen können, wenn sie sie selbst ausprobieren. Dokumentation oder ein virtueller Prozess können dies nicht ersetzen.

Agile kennt keinen Konflikt zwischen Business und IT. Beide sind für den Erfolg notwendig, wenn einsatzfähige *und* nützliche Software entwickelt werden soll.

1.3.5 Veränderung

Selbst wenn Anforderungen und ihre Umsetzung im Voraus bestimmt werden, sind sie Änderungen unterworfen. Märkte und Mitbewerber entwickeln sich weiter, Anwender wissen erst, was sie wirklich wollen, wenn sie es nutzen und Unternehmensstrategien ändern sich, um nur ein paar Beispiele zu nennen.

Im Gegensatz zu plangetriebenen Prozessen werden Veränderungen bei agilen Prozessen nicht ausgeklammert oder in die rituellen Außenbereiche der Entwicklung verbannt. Neue Einblicke, geänderte Meinungen und wechselnde Prioritäten sind grundlegend für Agile. Es lebt durch die Entwicklung von Anforderungen, Plänen, Ideen, Architekturen und Entwürfen. Veränderung ist dabei keine störende Unterbrechung, sondern ein natürlicher Teil des Prozesses. Agile ermutigt zu Veränderung als einer Quelle von Innovation und Verbesserung.

> Unser früheres Verständnis von „Veränderung" (engl. change) hat sich in Luft aufgelöst.

1.4 DAS ITERATIV-INKREMENTELLE KONTINUUM

Jeder agile Prozess unterteilt Zeit in beschränkte (engl. *time boxed*) Iterationen, bei denen Start und Ende jeweils definiert sind. Die Technik des *Time Boxing* hat viele Vorteile, ein wesentlicher davon ist die richtige Fokussierung. Sie stellt außerdem regelmäßige Überprüfungen sicher, damit Erkenntnisse aus einer Iteration in die nächste übernommen werden können. Das Hauptziel jeder Iteration ist es, am Ende hochwertige, funktionierende Software auszuliefern und durch die gewonnenen Erfahrungen ein frühes Lernen zu ermöglichen.

Agile Softwareentwicklung wird durch das *Business* und Geschäftschancen getrieben. Alle Aufgaben sind so organisiert, dass sie auf diese Chancen entsprechend reagieren und diese optimal ausnutzen.

„Wert" (engl. *value*) ist die Antwort auf Geschäftschancen und die grundsätzliche Maßeinheit für Fortschritt und Erfolg. Wert bleibt so lange eine Annahme innerhalb der Organisation, bis die Software produktiv ausgeliefert wird. Software produktiv auszuliefern ist die einzige Möglichkeit, diese Annahme zu überprüfen. Software regelmäßig auszuliefern ist die einzige Möglichkeit, um Anpassungen (engl. *adaptation*) aufgrund von Rückmeldungen und Bewertungen aus dem produktiven Einsatz vorzunehmen. Dazu wird die Software kontinuierlich weiterentwickelt. Der Wert wird mit jeder Iteration gesteigert und das Risiko dadurch minimiert, dass fortlaufend funktionsfähige Inkremente anhand definierter Entwicklungsstandards produziert werden (Abbildung 1.4).

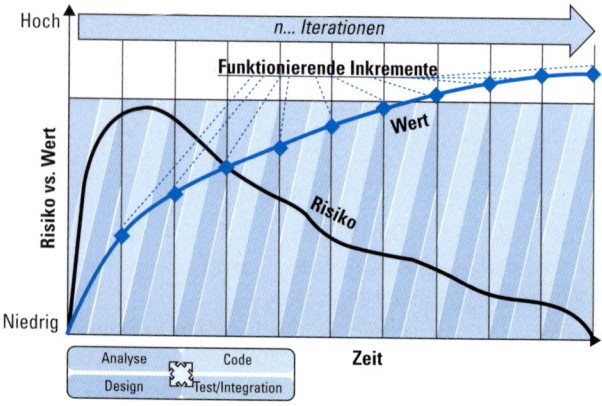

Abbildung 1.4 Agile Wertschöpfung

„Risiko" bezieht sich dabei ebenfalls auf die Sicht des Business. Risiko wird in der IT üblicherweise technisch definiert (*Wird das System schnell genug sein? Ist das System skalierbar?*). Eine technische Sicht auf Risiken ignoriert aber, dass das Ziel der Softwareentwicklung zufriedene Anwender und Kunden sind, um die Herstellung nützlicher Softwareprodukte sicherzustellen. Software, die aus technischer Sicht einsatzfähig ist, ist nur der Anfang.

Der Softwareentwicklungsprozess sollte auch andere Risiken adressieren, wie das Risiko, nicht auf unvorhersehbare und unbekannte Marktchancen reagieren zu können, ein Produkt nicht schnell genug auf den Markt zu bringen, die Kunden zu enttäuschen (z. B. durch das Ausliefern ungetesteter Software), Funktionalität zu liefern, die nicht dem entspricht, was der Kunde erwartet oder braucht, oder hinter der Konkurrenz zurück zu bleiben.

Der agile Entwicklungsprozess ist so organisiert, dass er diese Risiken entschärft. Anforderungen von hohem Wert werden zuerst erfüllt.

Softwareprodukte und -versionen werden schnell und häufig ausgeliefert. Sie erfüllen vorhandene Anforderungen und liefern überraschende und innovative Funktionen. Sie schaffen auf Anwenderseite die Bereitschaft, für die Software zu bezahlen, und optimieren so die Rendite der Stakeholder. Sie sind von hoher Qualität und minimieren damit den Aufwand für Wartung und Support.

Agile versteht den zentralen Zweck der „normalen" IT-Aktivitäten (in Abbildung 1.4 als _A_nalyse, _D_esign, _C_ode und _T_est/Integration aufgeführt), bricht aber ihre sequenzielle Abarbeitung auf. Um auslieferbare Software mit der nötigen Dynamik zu produzieren, werden Aktivitäten strukturell neu organisiert. Flexibilität sowie Geschwindigkeit sollen ermöglicht und nicht behindert werden. In agilen Vorgehensweisen arbeiten die einzelnen Experten nicht nacheinander, sondern in interdisziplinären (engl. *crossfunctional*) Teams parallel und täglich zusammen, um inkrementell entstehende Ideen, Techniken und Praktiken miteinander zu verhandeln.

Das Ziel dieses integrierten, interdisziplinären Ansatzes ist es, Qualität direkt einzubauen und Fehler zu vermeiden, anstatt die Qualität nach der Entwicklungsphase in einer anschließenden Testphase zu verbessern. Der Wunsch, regelmäßig ausliefern zu können, muss zwingend in die Fähigkeit dazu verwandelt werden. Fehlende Qualität kann nicht in ein fertiges Produkt hinein getestet werden und geplante Termine und Kosten laufen schnell aus dem Ruder, wenn Qualitätsmängel erst auffallen, nachdem die Entwicklung bereits abgeschlossen ist.

Wenn man die tatsächlichen und nachhaltigen Vorteile agiler Softwareentwicklung realisieren möchte, muss man über die Grenzen der IT-Abteilung hinausgehen. Die Art und Weise zu finden, wie agile Veränderungen nicht nur akzeptiert und ermöglicht, sondern sogar gefördert werden, ist wahrscheinlich für den größten Teil der Organisation eine echte Herausforderung. Es ist aber mehr als eine Notwendigkeit, es ist eine Chance für Organisationen, die Führung zu übernehmen. Die gesamte

Organisation wird durch eine agile Denkweise mit ihren kurzen Zyklen, regelmäßigen Ergebnissen und evolutionären Anpassungen profitieren. Mit agilen Sichtweisen und Ansätzen sind Organisationen und Abteilungen nun endlich nicht mehr darauf angewiesen, den Versuch zu unternehmen, das Unvorhersehbare vorherzusehen. Agile Praktiken beschäftigen sich mit Antworten, Lösungen und konkurrierenden Ideen, die entstehen **während** Software entwickelt wird.

Es mag einige Zeit dauern, um selbst zu erfahren, wie das in Agile verankerte kontinuierliche Lernen die Kontrolle unter stürmischen Unternehmens-, Geschäfts- und Marktbedingungen tatsächlich erhöht. Es mag einige Zeit dauern, bis man die Aufmerksamkeit des Managements von der Beurteilung der Vergangenheit (z. B. durch Kennzahlen oder erfasste Arbeitszeiten) befreit. Es mag einige Zeit dauern, bis darauf vertraut wird, dass die Schaffung und Optimierung des Geschäftswerts durch inkrementelle Ergebnisse des agilen Softwareentwicklungsprozesses erreicht wird. Es mag einige Zeit dauern, um zu akzeptieren, dass Agilität Zeit braucht, und zu akzeptieren, dass Agilität nicht analysiert und geplant werden muss, bevor eine Transformation wirkt.

■ 1.5　AGILITÄT IST NICHT PLANBAR

Agilität ist der Zustand, der durch den Einsatz agiler Prozesse erreicht werden soll. Agilität ist der Zustand hoher Reaktionsfähigkeit, Geschwindigkeit und Anpassungsfähigkeit bei gleichzeitiger Kontrolle der Risiken. Sie unterstützt dabei, besser mit Unvorhersehbarkeit umzugehen. Diese ist in der Softwareentwicklung und auf den Märkten, in denen Organisationen arbeiten, weit verbreitet.

Agilität ergibt keinen Sinn, wenn sich die oben erwähnten Charakteristiken Reaktionsfähigkeit, Geschwindigkeit und Anpassungsfähigkeit nicht auf die Beziehung der Organisation zu ihren Märkten, ihren Gemeinschaften und ihren Kunden erstrecken. Die Übernahme agiler Prozesse ist eine wichtige Grundlage für die Agilität einer Organisation. Aus dieser Übernahme entstehen neue Prozesse zusammen mit einer neuen Unternehmenskultur des Lernens, ständiger Verbesserung, kontinuierlicher Anpassung und wieder hergestelltem Respekt für Menschen.

Es gibt einige grundlegende Wahrheiten, die wichtig sind, um mit den richtigen Annahmen eine Transformation hin zu einem Zustand der Agilität zu beginnen. Wer agile Methoden einführt, ohne diese grundlegenden Wahrheiten zu akzeptieren, vergibt die Möglichkeit für erhöhte Agilität, anstatt sie zu nutzen:

- Agilität ist nicht planbar.
- Agilität kann man nicht verordnen.
- Agilität hat keinen Endzustand.

Ein fester Zeitplan für die Einführung einer agilen Vorgehensweise führt zu falschen Erwartungen. Eine solche Einführung bedeutet einen Paradigmenwechsel und zieht umfangreiche organisatorische Veränderungen nach sich. Dieser hat Auswirkungen auf bestehende Prozeduren, Abteilungen und Funktionen. Ein solcher Veränderungsprozess ist hochgradig komplex und daher nicht vorhersehbar. Sogar die Entwicklung und der nachhaltige Werterhalt guter Softwareprodukte sind einfacher prognostizierbar als solche Veränderungen. Während einer Transformation hin zu agilen Methoden gibt es keine Möglichkeit, vorauszusehen wann welche Veränderungen notwendig sein werden, wie man mit ihnen umgehen sollte und was ihr Ergebnis sein wird, um die nächsten Schritte zu planen. Die Geschwindigkeit, mit der sich diese Veränderungen verbreiten und etablieren, kann nicht vorhergesagt werden.

Bei Agilität geht es um viel mehr, als nur einem neuen Prozess zu folgen. Es geht um Verhalten, um einen *Kulturwandel*. Die Entscheidung für Agilität ist eine Entscheidung gegen die alten Pfade. Man akzeptiert nicht nur, dass Agilität die Kunst des Möglichen lebt, man zelebriert es. Es erfordert den Mut, die Ehrlichkeit und die Überzeugung im Hier und Jetzt zu handeln, auf Basis der vorhandenen Informationen des iterativ-inkrementellen Fortschritts. Agilität bedeutet, jederzeit mit den zur Verfügung stehenden Mitteln das Beste aus einer Situation zu machen. Ein fester Zeitplan für eine agile Transformation ignoriert das Wesen der Agilität, nämlich Komplexität durch gut durchdachte Versuche und kontinuierliches Lernen zu beherrschen. Zeitpläne zementieren nur die alten Denkmuster. Im Allgemeinen wird ein Plan den Transformationsprozess sogar bremsen, weil Verzögerungen und Wartezeiten eingebaut werden.

Zeitpläne schaffen die Illusion von Terminen und einem finalen Endzustand. Agilität hat aber keinen Endzustand. Agilität ist ein Zustand kontinuierlicher Verbesserung, ein Zustand, in dem jeder Status quo durch uns selbst oder externe Störungen hinterfragt wird.

Die Kunst des Möglichen leben zu können motiviert Menschen und beschleunigt eine Transformation, während sie die Zukunft formt und aufgrund dessen, was die Zukunft bringt, gedeiht. Es ist eine vielversprechende Zukunft für Organisationen, die die Vision, die Entschlossenheit und die Hingabe besitzen.

Diese grundlegenden Wahrheiten müssen in Herz und Kopf von Jedem sein, der eine Transformation hin zu agilem Denken leitet, anleitet oder unterstützt. Und selbst dann braucht es Zeit, bis sich Agilität in den Herzen und Köpfen der Menschen festsetzt, die von der Transformation betroffen sind. Immerhin wurden den Menschen in den letzten 15 bis 20 Jahren oder länger die falschen Verhaltensweisen des industriellen Paradigmas beigebracht.

■ 1.6   AGILE UND LEAN

Mit Lean verhält es sich ähnlich wie mit Agile. Beide sind Sammlungen von Denkwerkzeugen und ineinander verwobenen Prinzipien, die Menschen ausbilden, motivieren, wertschätzen und ihnen dabei helfen, ihre Arbeit und Arbeitsweise kontinuierlich zu optimieren. Die Prinzipien von Lean bilden die Hebel eines Systems, mit dem Menschen bessere Produkte schneller und auf eine nachhaltige und respektvolle Weise produzieren können. Dieses System belohnt Menschen dafür, mit den ihnen aktuell zur Verfügung stehenden Mitteln das Bestmögliche zu tun.

Weder für die Softwareentwicklung noch für die Produktion gibt es einen endgültigen, vollständigen, universellen und einheitlichen Lean-Prozess mit definierten Phasen, Rollen, Definitionen, Artefakten, Ergebnissen usw. Ein solcher Prozess sollte basierend auf den Prinzipien und Denkweisen von Lean entworfen und fortlaufend an die aktuelle Situation angepasst werden. Es geht um Anpassungsfähigkeit. *Der online verfügbare „Lean Primer" von Bas Vodde und Craig Larman ist eine ausgezeichnete Einführung in die Wurzeln, Prinzipien und Denkweisen von Lean (Larman & Vodde, 2009).*

1.6.1 Die Hauptaspekte von Lean

Menschen
Die Eckpfeiler eines jeden Systems, das von sich behauptet, Lean zu sein, sind die *Menschen*. „Menschen" bezieht sich dabei auf jeden potenziellen Beteiligten im gesamten Ökosystem des Lean Produktentwicklungs- und Buildsystems: Kunden, Arbeitnehmer, Teams, Lieferanten und Führungskräfte, egal ob intern oder extern.

Alle Beteiligten tragen auf ihre eigene Art und den ihnen zur Verfügung stehenden Möglichkeiten dazu bei, ein Produkt zu erstellen und auszuliefern. Sie arbeiten über Kompetenzgrenzen hinweg zusammen, um Übergaben, Verzögerungen und Wartezeiten zu vermeiden. Sie treffen eigenverantwortlich Entscheidungen. Sie haben genug Freiraum, um sich auf Wissensaufbau und kontinuierliches Lernen zu konzentrieren. Führungskräfte handeln als Lehrer und unterstützen ihre Mitarbeiter *persönlich* an deren Arbeitsplätzen (engl. *go see*). Sie fördern eine Denkweise nach den Lean-Prinzipien und helfen anderen dabei, über ihre Arbeit, ihre

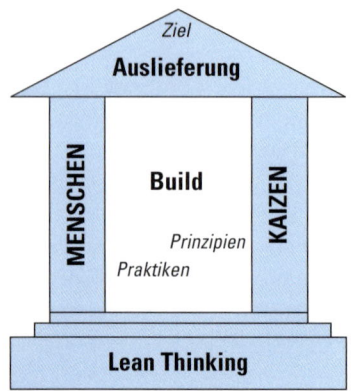

Abbildung 1.5 Lean-Prinzipien

Arbeitsergebnisse und die Entwicklung besserer Produkte nachzudenken. Das komplette System verkörpert den Geist von *Kaizen* und seine Haltung, ständig über den Prozess, das Produkt und mögliche Verbesserungen nachzudenken. Jedes Mitglied des Systems kann „*die Produktion stoppen*" (engl. *stop the line*)[2], wenn ein Problem auftritt. Die Ursache des Problems wird identifiziert, und Gegenmaßnahmen werden vorgeschlagen oder direkt umgesetzt.

Jede an der Wertschöpfungskette beteiligte Person agiert als integraler Teil des gesamten Arbeitsprozesses. Beziehungen mit Lieferanten und externen Partnern basieren nicht darauf, unter gegenseitigem Druck über große Aufträge zum niedrigsten Preis zu verhandeln. Es dreht sich um den Aufbau von Beziehungen, bei denen Gewinn (und Risiko) aufgeteilt werden. Verträge im Sinne von Lean bauen auf gemeinsames Wachstum.

---

2 Dieser Ausdruck bezieht sich auf die Ursprünge von Lean in der Automobilfertigung von Toyota, wo jede Person in der Produktionslinie berechtigt war, die Linie anzuhalten, wenn ihr Probleme, Fehler oder Qualitätsmängel aufgefallen sind.

Verschwendung

Bei einer Diskussion über Verschwendung (engl. *waste*) darf nicht vergessen werden, dass es am besten ist, Verschwendung durch kontinuierliche Verbesserung in kleinen Schritten zu *vermeiden*. Des Weiteren sollte man daran denken, dass sich „Verschwendung" auf Prozessschritte bezieht und nicht darauf, Leute loszuwerden.

Aber egal, wie sehr man sich bemüht, sie zu vermeiden, Verschwendung kann und wird sich einschleichen. Der Geist von Kaizen bringt Menschen dazu, ihre tägliche Arbeit engagiert, achtsam und kritisch zu verrichten. Diese Haltung wird zum natürlichen Reflex.

Eine Möglichkeit, Verschwendung zu erkennen, ist die *Wertstromanalyse* (engl. *value stream mapping*). Alle Prozessschritte und -phasen von der „Idee" bis hin zur „Monetarisierung" werden auf einem Zeitstrahl aufgeführt. Aktivitäten werden als „wertschöpfend" oder „nicht-wertschöpfend" gekennzeichnet, manchmal auch als „notwendig", ohne wertschöpfend zu sein.

Das *Verhältnis der Wertschöpfung* kann aus dem Verhältnis der Zeit berechnet werden, die für wertschöpfende Aktivitäten aufgewendet wird, gegenüber der nicht-wertschöpfenden, also verschwendeten Zeit. Diese Zahl kann als Ausgangsbasis dienen, gegen die Verbesserungen gemessen werden können. Wie bei allen Verbesserungen gibt es jedoch kein endgültiges Ziel, keinen finalen Zustand. Die Verbesserung selbst ist das Ziel.

Lagerbestand, WIP und Durchfluss

Lean strebt nach Kontinuität und Durchfluss (engl. *flow*). Überproduktion stört den kontinuierlichen Arbeitsfluss und kann das Erkennen und Lösen von Qualitätsproblemen verzögern. Sie bringt aber auch eine gewisse Respektlosigkeit mit sich, weil sie Menschen dazu zwingt, Arbeit auszuführen, die vielleicht nie benötigt wird. Einen Lagerbestand (engl.

inventory) zu unterhalten ist kostspielig und macht eine Organisation anfällig für Verschwendung.

Lean fordert, „in Ausführung befindliche Arbeit" (engl. *work in progress* oder *WIP*) und teuren Vorrat in einer bedarfsorientierten (engl. *just in time*) Produktion zu reduzieren, indem nur produziert wird, wenn eine *Bedarfsmeldung* (engl. *pull signal*) vom nächsten Schritt im Prozess vorliegt. Ein *Kanban* ist eine real existierende Signalkarte für eine solche Bedarfsmeldung in einem Fertigungssystem. Ein Kanban markiert eine definierte Menge an Material. Neue Teile werden nur produziert, wenn genug Material verbraucht wurde und die Signalkarte sichtbar wird.

1.6.2 Lean umsetzen

Ähnlich wie bei Agile haben viele Organisationen Schwierigkeiten in der Umsetzung von Lean. Insbesondere kämpfen sie mit der Kombination aus Agile und Lean.

In der Regel greifen Firmen bei organisatorischen Problemen eher auf Lean zurück. Firmen mit Problemen in der Softwareentwicklung interessieren sich dagegen eher für Agile. Allerdings bieten weder Agile noch Lean eine Wunderwaffe für alle Probleme.

Leider wird Lean oft auf das *Abbauen von Verschwendung* (engl. *eliminate waste*) reduziert. Konzentriert man sich aber nur auf ein einziges Werkzeug aus dem Werkzeugkasten, wird der Blick eingeengt, anstatt das Ganze zu betrachten. Wenn dann *Mitarbeiter* „abgebaut" werden und es nicht um die *Verbesserung* des Prozesses geht, verschlechtert das den Zustand weiter. Das weit verbreitete Führungsziel „Kosten reduzieren" verkehrt dann diese sinnvolle Praktik von Lean in ihr Gegenteil und deklariert die Arbeit der Mitarbeiter zu nicht-wertschöpfendem „Overhead". Das dadurch vermittelte Signal ist, dass die Mitarbeiter plötzlich selbst zur Verschwendung werden – und ebenso abgebaut werden können.

Es ist ein langer Weg von diesem populären Irrglauben und seiner zu beschränkten Sicht auf Lean hin zu einem Verständnis, dass es bei Lean hauptsächlich um Respekt vor den Menschen geht, um dadurch den Wert und die Qualität zu optimieren. Bei Lean geht es mehr um den *Kontext*, in dem Menschen etwas leisten können, anstatt ständig die geforderten Resultate und erbrachten Leistungen in den Vordergrund zu stellen. Es geht darum, die gewohnten Führungssysteme (engl. *command and control*) wie Chefgehabe, Micro-Management, Überlastung und das Verteilen kleinteiliger Aufgaben abzulegen.

Es ist ein langer Weg von diesem Irrglauben hin zu einem Verständnis von Lean über die formale Anwendung hinaus, einem Verständnis von Lean als einem Denksystem ohne Endzustand, in dem Menschen kontinuierlich ihre tägliche Arbeit reflektieren und sich selbst verbessern.

> *Agile hilft.*

Es gibt eine Vielzahl an Gemeinsamkeiten zwischen Agile und Lean, die erforscht werden sollten. Es gibt Managementphilosophien, die nicht miteinander kombiniert werden sollten, weil in der Vermischung die speziellen Eigenschaften und Vorteile der einzelnen Elemente verschwimmen und verloren gehen. Bei Agile und Lean glaube ich im Gegensatz dazu nicht nur, dass sie kombiniert werden *können*, sondern dass die Kombination aus Lean-Managementprinzipien und agilem Fokus auf die Produktentwicklung im Ergebnis wesentlich leistungsfähiger ist als die Einzelteile für sich.

Die Denkweisen hinter Lean und Agile *ergänzen* sich. Lean basiert auf starken und vertrauten Prinzipien. Agile hat klar definierte Praktiken, die nicht nur gut zu den grundlegenden Prinzipen von Lean passen, sondern diese für die Softwareentwicklung greifbar und anwendbar machen.

1.6.3 Die Denkweisen von Lean und Agile vereint

Ich habe eine umfangreichere Arbeit mit dem Titel "The Blending Philosophies of Lean and Agile" (Verheyen, 2011) zu diesem Thema veröffentlicht, die unter http://www.scrum.org/Community/Community-Publications zu finden ist. Hier will ich nur auf einige der Strategien von Agile und ihre Grundlagen in Lean eingehen:

- *Potenziell unbenutzte (Lager-)Bestände:* Detaillierte Anforderungen, festgeschriebene Pläne, Entwürfe usw. sind in der Softwareentwicklung Verbindlichkeiten und keine Vermögenswerte, weil sie potenziell ungenutzte Arbeit darstellen. Agile vermeidet es, Ergebnisse vorab bis ins letzte Detail zu spezifizieren. Wenn geplante Arbeit erst später umgesetzt wird, ist die Wahrscheinlichkeit groß, dass sie sich bis zu ihrer Umsetzung noch ändert oder nicht mehr benötigt wird. Die Erwartungen können sich bis dahin ändern oder Erfahrungen aus inzwischen umgesetzten Funktionen und Releases zeigen bessere Wege für die Umsetzung zukünftiger Anforderungen auf. Nur die unmittelbar bevorstehenden Aufgaben werden vollständiger beschrieben. Ein Team wird sich davon nur die Menge an Arbeit in die nächste Iteration *ziehen* (engl. *pull*), die es für umsetzbar hält und diese dann auf Basis von schrittweisem Lernen und täglicher kontinuierlicher Verbesserung realisieren.

- *Teilweise erledigte Arbeit:* Arbeit, die nicht komplett erledigt ist (also Arbeit vom Typ: „Ich bin fast fertig, ich brauche nur noch ein wenig mehr Zeit"), ist eine bekannte und wichtige Art von Verschwendung in der Softwareentwicklung. Agile Prozesse haben in jeder Iteration das Ziel, ein *funktionierendes* Teil des Produkts fertig zu stellen. Es sind am Ende einer Iteration keine halbfertigen Anteile der Arbeit in der Software enthalten. Der Gedanke von Kaizen und seine tägliche Umsetzung von *Überprüfung & Anpassung* in Agile helfen Teams dabei, keine neue Arbeit anzufangen, solange es noch unerledigte Arbeit in einer Iteration gibt. Time Boxing als Zeitmanagement-Technik hilft Teams dabei, sich auf die Fertigstellung ihrer Arbeit zu konzentrieren.

- *Nutzung von Funktionen:* Untersuchungen haben gezeigt, dass nur knapp 20 % der Funktionen in einem traditionell entwickelten Softwareprodukt regelmäßig genutzt werden (Standish, 2002). Selten oder gar nicht genutzte Funktionalität ist daher eine enorme Verschwendung von Kapazität und Budget, die für deren Entwicklung und Wartung anfallen. Eine aktive Zusammenarbeit mit Vertretern der Kunden und Anwender verhindert solche unerwünschten und wertlosen Anforderungen und hilft einem Team, sich auf den minimalen Funktionsumfang zu konzentrieren, der tatsächlich benötigt wird. Dieser Fokus auf die „nötigen" Anforderungen reduziert nicht nur die Entwicklungskosten sondern stellt außerdem sicher, dass die zukünftigen Kosten für Wartung und Support niedriger ausfallen werden. Der iterativ-inkrementelle Prozess erlaubt es Teams schließlich, das Produkt auf Basis des tatsächlich gelieferten Werts regelmäßig anzupassen, sowie neue Annahmen zur Wertschöpfung und -optimierung zu nutzen.

Agile verfolgt klare Strategien für kontinuierliche Verbesserung und nutzt so gleichzeitig den Geist von Kaizen:

- Der Arbeitsplan eines agilen Teams wird täglich überprüft und angepasst.
- Am Ende einer Iteration wird die erstellte Software überprüft, um Feedback, Anmerkungen, Verbesserungen und Erweiterungen einzuholen.
- Der Prozess und die Art, wie Teams arbeiten, zusammenarbeiten, kommunizieren und Dinge umsetzen, wird spätestens am Ende einer Iteration in einer Retrospektive überprüft.

Agile *optimiert das Ganze* indem es fordert, dass Kunden oder ihre Stellvertreter Anforderungen beschreiben und in eine Reihenfolge bringen, sowie während der Umsetzung im Softwareentwicklungsprozess aktiv für die Klärung offener Fragen und funktionaler Kompromisse zur Verfügung stehen. In einem Team sind alle Kenntnisse und Fähigkeiten vorhanden, um die Ideen, Optionen und Anforderungen der Kunden in einer Iteration in funktionierende Software umwandeln zu können.

Agile verkürzt Durchlaufzeiten, indem es den Wertstrom so optimiert, dass klassische Wartezeiten wie Übergaben oder externe Entscheidungen verhindert werden. Es gibt keine großen Übergaben zwischen Abteilungen und Organisationen, wie sie typisch sind für eine sequenzielle Organisation von Arbeit mit großen Blöcken spezialisierter Arbeitspakete. Aber es gibt aufgrund der kollektiven Verantwortlichkeit des Teams auch keine kleinen Übergaben zwischen Individuen oder innerhalb eines Teams.

Die Strategien und Prinzipien von Agile sind grundsätzlich mit den wichtigsten Lean-Prinzipien vereinbar und verstärken diese sogar noch, wie Abbildung 1.6 zeigt.

Lean	Agile
Respekt für Menschen	Selbstorganisierende Teams
Kaizen	Überprüfen & anpassen, Kurze Feedbackzyklen
Verschwendung vermeiden/eliminieren	Keine ungenutzten Spezifikationen, Architektur oder Infrastruktur
Pull Bestand (Kanban)	Schätzungen spiegeln Teamkapazität wider
Visuelles Management	Information radiators
Eingebaute Qualität	Definition of Done, Entwicklungsstandards
Kundenwert	Aktive Zusammenarbeit mit dem Business
Das Ganze optimieren	Team als Ganzes (inkl. Stakeholder)
Schnell liefern	Zeitlich beschränkte Iterationen mit funktionierenden Inkrementen
Der Manager-Lehrer	Der unterstützende Servant-Leader

Abbildung 1.6 Die Übereinstimmung der Prinzipien von Lean und Agile

2 Scrum

■ 2.1 SCRUM IST EIN OFFENES HAUS

Scrum ist ein offenes Haus (Abbildung 2.1), ein Zuhause, in dem Menschen W I L L K O M M E N sind.

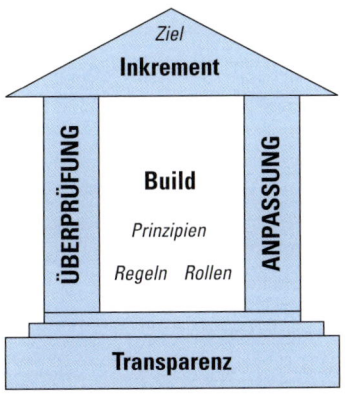

Abbildung 2.1 Das Scrum-Haus

Im Scrum-Haus arbeiten und lernen Menschen mit unterschiedlichen Hintergründen, in unterschiedlichen Rollen, mit unterschiedlichen Fähigkeiten, Talenten und Persönlichkeiten. Sie streben gemeinsam nach Verbesserung. Das Scrum-Haus fördert eine offene und innige Zusammenarbeit.

Das Scrum-Haus kennt kein „gegeneinander". Barrieren werden entfernt anstatt sie zu errichten oder aufrechtzuerhalten. Es gibt kein Business gegen IT, kein Team gegen den Rest der Welt, kein Product Owner gegen das Entwicklungsteam, kein Entwicklung gegen Support, kein Tester gegen Entwickler, kein mein Team gegen dein Team, kein Scrum Master gegen die Organisation. Das Scrum-Haus öffnet den Blick auf die Welt. Es ist ein spannender und inspirierender Platz, an dem kreative und intelligente Menschen selbstorganisiert gemeinsam Produkte entwickeln.

Das Scrum-Haus bietet Schutz vor starren und unsinnigen Prozessen, Besprechungen und anderen Störungen. Seine Bewohner bilden flexible Teams und Ökosysteme, die sich neuen und komplexen Herausforderungen stellen. Sie sondieren, lernen und passen sich auf allen Ebenen an; strategisch und taktisch, von Anforderungen über Planungen und Ziele bis hin zu Märkten und Technologien.

Scrum fördert eine bessere und schnellere Entwicklung von Produkten. Aber vor allem stellt Scrum die Energie und die Freude an der Arbeit aller beteiligten Mitspieler wieder her. Menschen werden wieder respektiert und beteiligt. Das gilt sowohl für die direkt an der Entwicklung beteiligten Personen, als auch für Auftraggeber, Stakeholder und Anwender.

■ 2.2　SCRUM, WAS STECKT IN EINEM NAMEN?

Im Jahr 1986 haben Hirotaka Takeuchi und Ikujiro Nonaka, zwei anerkannte Management-Experten, eine Abhandlung mit dem Titel "The New New Product Development Game" veröffentlicht (Takeuchi & Nonaka, 1986). In dieser Abhandlung wurde zum ersten Mal im Kontext der Produktentwicklung der Begriff „Scrum" (dt. *Gedränge*) verwendet. Takeuchi und Nonaka bezogen sich dabei auf den Sport

Rugby, um die Bedeutung der Arbeit im *Team* bei der Entwicklung neuer Produkte hervorzuheben. In ihrer Abhandlung erklärten die beiden, wie Organisationen erfolgreich bei der Entwicklung neuer, komplexer Produkte sein können, wenn Teams als kleine, selbstorganisierende Einheiten arbeiten. Diese Einheiten erhalten *Ziele* und keine von außen vorgegebenen kleinteiligen Aufgaben oder Pläne. Teams, die nur eine Richtung vorgegeben bekommen und selbst entscheiden können, wie sie das gemeinsame Ziel erreichen, schneiden dabei am besten ab. Um erstklassige Leistung zu erreichen, brauchen Teams Eigenverantwortung.

Abbildung 2.2 Scrum beim Rugby

Jeff Sutherland und Ken Schwaber haben das Framework Scrum für die agile Softwareentwicklung in den frühen 90er Jahren entwickelt. Sie präsentierten Scrum zum ersten Mal im Jahr 1995 auf der Oopsla[3] Konferenz in Austin, Texas (USA) (Schwaber, 1995; Sutherland, 1995).

---

3   Object-Oriented Programming, Systems, Languages & Applications.

Den Namen „Scrum" hatten sie aus der Abhandlung von Takeuchi und Nonaka übernommen. Das Scrum Framework für Softwareentwicklung setzt diese Prinzipien für die Entwicklung und den Betrieb komplexer *Softwareprodukte* um. Wenn Teams lediglich angewiesen werden, Aufgaben auszuführen und ihre verfügbare Kapazität mit diesen Aufgaben aufgefüllt wird, verlieren die Teammitglieder ihr geistiges Potential. Sie sehen und denken dann nur noch bis zur vorgegebenen Lösung, auch wenn die Realität oder ihre Erfahrung ihnen zeigen, dass die Vorgaben schwierig zu erreichen oder nicht optimal sind. Sie verlieren ihre Aufgeschlossenheit gegenüber besseren, nicht ausdrücklich vorgeschriebenen Lösungen, auch wenn diese Lösungen die tatsächlichen Anforderungen in Bezug auf konkrete Änderungen, Erkenntnisse und Umstände besser erfüllen könnten. Sie konzentrieren sich nur darauf, die Vorgaben zu erfüllen, ohne alternative Ideen und Optionen in Betracht zu ziehen und ohne sich um die Unbeständigkeiten zu kümmern, die für die Produktentwicklung und technologische Entdeckungen typisch sind. Der industrielle Ansatz, Menschen zu führen, als wären sie Maschinen, behindert die Entwicklung der kollektiven Intelligenz eines Teams und begrenzt dadurch ihre Arbeitsergebnisse auf ein Mittelmaß.

Wir haben bereits in Abschnitt 1.6 auf die bemerkenswerten Gemeinsamkeiten zwischen Lean und Agile hingewiesen. Es gibt jedoch auch eine Verbindung zwischen Scrum und Lean über "The New New Product Development Game" und den Begriff „Scrum".

Die Autoren der Abhandlung "The New New Product Development Game" sind mit Lean sehr gut vertraut und zudem Befürworter dieses Prinzips. Im Laufe ihrer Karrieren haben sie bekannte Firmen analysiert und beschrieben, die nach den Prinzipien von Lean arbeiten. Den Begriff „Lean" haben sie jedoch nie selbst verwendet.

In Ihrer Abhandlung wollten Takeuchi und Nonaka das schlagende Herz von Lean beschreiben. Zur Abgrenzung von der Entwicklung komplexer Produkte nannten sie es „Scrum". Ihrer Ansicht nach ist es unwahrscheinlich, dass eine Organisation bei der Entwicklung komplexer Produkte allein durch die Einführung und Verwendung der Praktiken von „Lean" profitiert, solange dieses schlagende Herz nicht vorhanden ist. Das ist leider bei vielen Implementierungen von Lean der Fall, weshalb die Autoren die Notwendigkeit des Herzens und der Seele des Systems hervorgehoben und dafür die umgebenden Management-Praktiken aus dem Fokus genommen haben.

Sie haben sich daher entschieden, den Begriff „Lean" nicht zu verwenden, und sich stattdessen auf dessen Motor „Scrum" konzentriert.

Außerdem war ihrer Meinung nach der Begriff „Lean" zu einem Synonym der *Management*-Praktiken des Toyota-Produktionssystems geworden. Auch aus diesem Grund haben sie Lean kaum erwähnt.

> „Scrum sollte das Herzstück jeder Lean Implementierung sein."
> Jeff Sutherland (Sutherland, 2011).

■ 2.3 IST DAS DORT DRÜBEN EIN GORILLA?

Evolutionäre Praktiken gibt es in der Softwareentwicklung seit Langem (Larman, 2004). Das Scrum Framework für agile Softwareentwicklung wurde im Jahr 1995 vorgestellt und dokumentiert. Die agile Bewegung wurde 2001 gegründet. Dieses neue Paradigma ist in der Softwareindustrie inzwischen fest verankert und seine Verbreitung nimmt kontinuierlich zu.

Ein weithin anerkanntes Modell, um die Akzeptanz eines technologischen Produkts oder einer Dienstleistung zu bestimmen oder darzustellen, ist die erweiterte Version des „Technology Adoption Life Cycle" (TALC) von Geoffrey Moore (Moore, 1999; Wiefels 2002, Abbildung 2.3).

Geoffrey Moore hat die Nutzerakzeptanz technologischer Produkte oder Dienstleistungen, die ein *disruptives* neues Paradigma und damit radikale Innovationen darstellen, auf das Auftreten von Mustern hin untersucht. Moore konnte bestätigen, dass sich die Phasen und Zielgruppen grundsätzlich nicht von denen einer kontinuierlichen, evolutionären Produkteinführung unterschieden. Nach der Phase des *Early Market* hat Moore jedoch eine Periode des Stillstands beobachtet und dem Modell hinzugefügt. In diesem Zeitraum kommt die weitere Einführung zum Stillstand. Der Übergang in die nächste Phase, die *Bowling Alley*, verzögert sich dann um eine unbestimmte Dauer. Und einige Produkte schaffen es nicht, diesen Stillstand zu überwinden und verschwinden einfach. Moore nannte diese Periode *Chasm* (dt. *Kluft*).

In der chaotischen Phase der *Bowling Alley* entwickelt sich ein *Gorilla*, ein Marktführer. In den nachfolgenden Phasen, bis zum Verschwinden des Produkts vom Markt, sind diese Marktführer in der Regel schwer zu stürzen.

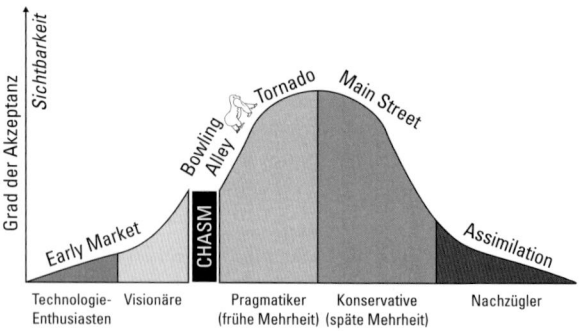

Abbildung 2.3 Der Technology Adoption Life Cycle

Innovative technologische Produkte folgen den von Moore beschriebenen Phasen. Dies gilt aber auch für agile Entwicklungsprozesse, die selbst ein vollkommen neues und revolutionäres Paradigma bzw. „Produkt" auf dem technologischen Markt sind.

Die Jahre nach der Entstehung der ersten agilen Prozesse (bevor der Begriff „Agile" geprägt wurde) und die offizielle Definition des Begriffs „Agile" im Jahr 2001 markierten die *Early Market* Phase agiler Methoden.

Ungefähr in der Zeit um 2007 bis 2008 war allgemein anerkannt, dass Agile den *Chasm* überwindet. Bis dahin waren Erfahrungen mit agilen Methoden meist anekdotenhaft und basierten auf konkreten Beispielen in Unternehmen, Teams oder IT-Organisationen. Das ist typisch für diese Phasen des Technology Adoption Life Cycle. Ebenso typisch ist, dass hauptsächlich Enthusiasten und Visionäre davon angesprochen wurden. Sobald jedoch der *Chasm* überwunden war, wurden agile Methoden für eine breitere Zielgruppe attraktiv, die *Pragmatiker*. Diese achten üblicherweise auf die geschäftlichen Vorteile eines unbekannteren Paradigmas und vergleichen dessen Fähigkeiten zur Problemlösung mit dem existierenden Paradigma. Yahoo! ist ein wichtiges Beispiel für ein großes Unternehmen, das agile Methoden eingeführt und seine Erfahrungen im Jahr 2008 dokumentiert hat (Benefield, 2008).

Im dritten Quartal 2009 haben Forrester Research und Dr. Dobb's (Hammond & West, 2009) eine weltweite Umfrage unter IT Fachleuten durchgeführt. Dabei haben sie unter anderem untersucht, welche Methode am ehesten dem aktuell verwendeten Entwicklungsprozess entspricht (engl. *"methodology (that) most closely reflects the development process you are currently using"*). Für viele ist es vielleicht überraschend, dass 36 % der Teilnehmer angaben, agile Methoden zu verwenden, während nur 13 % nach dem klassischen Wasserfall-Prozess[4] arbeiteten. Dies bestätigte

---

[4] 31 % gaben an, keiner Methodologie zu folgen. 21 % bestätigten, iterativ zu entwickeln.

formal, dass die Verwendung agiler Methoden in der Softwareentwicklung tatsächlich Schritt für Schritt das Wasserfall-Modell überholt hatte.

Im April 2012 veröffentlichte Forrester Research (Giudice, 2011) die Ergebnisse einer Umfrage über den weltweiten Einsatz agiler Methoden für die Softwareentwicklung und stellte fest, dass die IT-Branche weitgehend Agile einsetzt (engl. *"the IT industry is (..) widely adopting Agile"*) und dass die Einführung agiler Methoden sich nicht nur auf kleine Unternehmen beschränkt. Demnach führen besonders große Organisationen agile Methoden ein. Daneben hat Forrester herausgefunden, dass kürzere Iterationen und Scrum Praktiken die am meisten verwendeten agilen Praktiken sind (engl. *"Shorter iterations and Scrum practices are the most common Agile practices"*) und dass Scrum die am häufigsten verwendete agile Vorgehensweise in der Softwareentwicklung ist. Forrester hat damit die Ergebnisse der jährlich durch VersionOne durchgeführten Umfrage "State of Agile Development" bestätigt (2011, 2013).

Die Einführung von Scrum ist zwar nicht auf einen bestimmten Wirtschaftsbereich begrenzt oder typisch für einen solchen, dennoch hat Forrester herausgefunden, dass im Finanzsektor häufiger agile Methoden eingesetzt werden als anderswo. Dies ist insofern bemerkenswert, als dass Finanzinstitute generell eher risikoscheu sind. Mit der Einführung von Scrum waren sie jedoch sehr erfolgreich (Verheyen & Arooni, 2012).

> *Scrum ist der De-facto-Standard, an dem man sich messen muss, den man ablehnt oder annimmt. Scrum hat sich zum „Gorilla" der agilen Softwareentwicklungsmethoden entwickelt.*

■ 2.4   EIN FRAMEWORK, KEINE METHODOLOGIE

Scrum hat seine Wurzeln in den Theorien der Entwicklung neuer Produkte. Es hilft Teams dabei, komplexe Softwareprodukte trotz wechselnder Umstände selbstorganisiert zu entwickeln und zu erhalten. Scrum setzt die wissenschaftliche Methode der empirischen Prozesskontrolle um, um besser mit der Komplexität und Unvorhersehbarkeit in der Softwareentwicklung umgehen zu können. Scrum ersetzt damit das industrielle, plangetriebene Paradigma durch wohl überlegtes, opportunistisches Experimentieren. Der Inhalt des Scrum Frameworks wurde ganz bewusst auf die absolut nötigen Elemente begrenzt. Jeder Bestandteil ist essentiell. Wer Scrum durch das Weglassen eines oder mehrerer Elemente verändert, verdeckt sehr wahrscheinlich Probleme, anstatt sie sichtbar zu machen.

Der Zweck des empirischen Vorgehens mit Scrum ist es, durch *Transparenz* der durchgeführten Arbeit *Überprüfung und Anpassung* (engl. *inspect and adapt*) zu ermöglichen. Scrum überprüft dazu regelmäßig den aktuellen Zustand, um bestmögliche Entscheidungen zu treffen. Scrum hilft dabei, sich anzupassen, zu verändern und Flexibilität zu erlangen. Die Regeln, Prinzipien und Rollen des Frameworks, die im Scrum Guide (Schwaber & Sutherland, 2016) beschrieben sind, dienen diesem Zweck.

Durch seinen minimalistischen Aufbau enthält Scrum keine vollständigen und formalen Vorschriften für das Verhalten aller an der Softwareentwicklung Beteiligten. Ebenso wenig legt es ihr erwartetes Verhalten in Bezug auf Entwurfs- und Planungstätigkeiten fest, geschweige denn wie diese dokumentiert, gepflegt und gespeichert werden sollen. Scrum kennt keine vorab festgelegten Dokumenttypen oder Arbeitsergebnisse, die generiert werden müssen. Scrum gibt auch nicht den genauen Zeitpunkt ihrer Erstellung vor. Anstatt Übergabephasen und Kontrollmeetings zu etablieren und sich auf sie zu stützen, baut Scrum diese als eine der Hauptursachen von Verzögerungen, Verschwendung und Respektlosigkeit ab.

Methodologien bestehen absichtlich aus einer strengen und verpflichtend festgelegten Reihenfolge an Schritten, Abläufen und Prozessen, für die genau beschrieben wird, wer welche Handlungsschritte in welcher

Reihenfolge ausführt. Eine genaue Befolgung dieser Anweisungen verspricht dabei den Erfolg. Dadurch ersetzen „Methodologien" menschliche Kreativität, Selbständigkeit und Denkvermögen durch Elemente wie Phasen, Arbeitsschritte, verpflichtende Aufgaben und Muster, Managementtechniken und -werkzeuge. Praxis sowie Forschung zeigen jedoch, dass das Befolgen einer Methodologie nur zu einer formalen Absicherung gegen Schuldzuweisungen führt, nicht jedoch zum Erfolg der Arbeitsergebnisse (Standish, 2011). Methodologien benötigen für eine hohe Erfolgswahrscheinlichkeit einen hohen Grad an Vorhersagbarkeit. Die Softwareentwicklung hat diesen hohen Grad an Vorhersagbarkeit jedoch nicht.

Scrum ist das genaue Gegenteil einer solchen Vielzahl an eng verwobenen Pflichtbestandteilen und möglichst vollständigen Vorschriften. Scrum ist keine Methodologie. Scrum ersetzt einen festgelegten algorithmischen Ansatz durch einen heuristischen Ansatz mit Respekt für Menschen und Selbstorganisation, um komplexe Probleme in einer unvorhersehbaren Umgebung zu lösen.

Falls und wenn man Scrum als „Prozess" bezeichnet, ist es auf jeden Fall kein wiederholbarer Prozess. Das ist oft schwierig zu erklären, da der Begriff „Prozess" üblicherweise mit algorithmischen und vorhersagbaren Schritten, wiederholbaren Handlungen und durchsetzbarer Top-down-Kontrolle in Verbindung gebracht wird – den typischen Erwartungen an eine Methodologie.

Wenn von Scrum als einem „Prozess" gesprochen wird, dann ist es ein *dienender* Prozess und kein *autoritärer.* Die optimale Arbeitsweise für alle beteiligten Spieler entwickelt sich während der Verwendung von Scrum, nicht durch von Scrum definierte Vorschriften. Die Mitspieler finden heraus, was getan werden muss, um die Lücke zwischen dem aktuellen Zwischenergebnis und dem erwarteten Endergebnis zu schließen. Mit Scrum entdecken Menschen die effektivsten Prozesse, Praktiken und

Strukturen. Scrum hilft bei der Entwicklung einer Arbeitsweise, die sich jederzeit an die tatsächlichen Arbeitsbedingungen und -umstände jedes Einzelnen anpasst – deshalb nennen wir Scrum lieber ein Framework.

Das Scrum Framework bietet einen begrenzenden Handlungsrahmen und überlässt es den Menschen, das bestmögliche Vorgehen innerhalb dieser Grenzen zu finden.

■ 2.5 DAS SPIEL SPIELEN

Das Ziel von Scrum als *Framework* für die agile Softwareentwicklung ist es, die Entwicklung *hochwertiger* Software unter unruhigen unternehmerischen, organisatorischen, geschäftlichen oder marktspezifischen Umständen zu leiten und optimieren.

Das Scrum Spielbrett zeigt die grundsätzlichen Bestandteile und Prinzipien von Scrum, also alles, was absolut nötig ist, um das Spiel optimal spielen zu können.

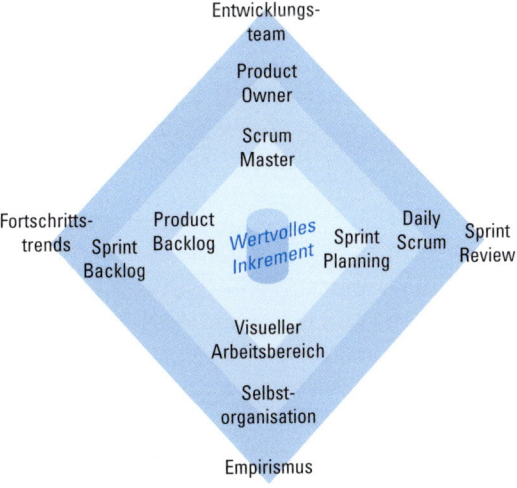

Abbildung 2.4 Das Scrum Spielbrett

Scrum verlangt von seinen Spielern ein hohes Maß an Disziplin, lässt aber auch viel Raum für persönliche Kreativität und kontextabhängige Erweiterungen. Die Spielregeln basieren auf Respekt für die menschlichen Mitspieler und sorgen für eine geschickte und ausgewogene Verteilung der Zuständigkeiten. Den größten Spaß und die meisten Vorteile hat man, wenn man das Spiel nach den Regeln spielt, bei den Rollen nicht schummelt und die empirischen Grundlagen beachtet.

Das Scrum Spielbrett zeigt die Spieler, die Artefakte, die Ereignisse (engl. *events*) und die wichtigsten Prinzipien des Spiels. Werfen wir einen genaueren Blick auf die Regeln, die alles zusammenhalten.

2.5.1 Spieler und Verantwortlichkeiten

Agile Methoden versuchen, geschäftliche Chancen und Möglichkeiten zu nutzen. Die Zeitmanagement-Technik des Time Boxing ermöglicht es den Spielern, schnell auf neue Möglichkeiten zu reagieren und sich an alle Änderungen und Entwicklungen anzupassen.

Scrum organisiert seine Spieler in Scrum Teams. Ein Scrum Team besteht aus drei Rollen, deren unterschiedliche Verantwortlichkeiten einander ergänzen. Die Zusammenarbeit dieser Rollen wird so zum Schlüssel des Erfolgs. Die drei Rollen sind:

- Product Owner
- Entwicklungsteam
- Scrum Master

Die Rolle des *Product Owner* wird von einer Person gespielt, die im Scrum Team die geschäftliche Sicht auf das Softwareprodukt hat. Der Product Owner repräsentiert alle internen und externen Stakeholder gegenüber dem *Entwicklungsteam*. Das Entwicklungsteam ist eine Rolle, die von mehreren Personen gespielt wird. Obwohl der Product Owner verschiedene strategische Aufgaben im Produktmanagement außerhalb des Scrum

Teams haben kann, ist es wichtig, dass er regelmäßig und aktiv mit den anderen Mitspielern des Teams zusammenarbeitet.

Der Product Owner stellt mit Unterstützung des Entwicklungsteams sicher, dass ein *Product Backlog* vorhanden ist. Der Product Owner verwaltet das Product Backlog ausgehend von der Produktvision als langfristigem Ziel. Die Produktvision beschreibt, *warum* das Produkt entwickelt wird.

Das Product Backlog enthält die gesamte Arbeit, die für die Entwicklung und Pflege des Produkts vorgesehen ist. Diese Arbeit kann aus funktionalen und nichtfunktionalen Erwartungen, Erweiterungen, Problemlösungen, Ideen, Aktualisierungen und anderen Anforderungen bestehen. Wer wissen will, welche Arbeit genau bereits für das Produkt identifiziert und geplant wurde, muss nur einen Blick ins Product Backlog werfen.

Der Product Owner beschreibt dem Team seine im Product Backlog festgehaltenen Erwartungen und Ideen bezüglich des Produkts und sortiert die Einträge im Product Backlog so, dass der gelieferte Wert optimiert wird. Daneben verwaltet der Product Owner das Budget und wägt Wert, Aufwand und Zeit für die repräsentierten Stakeholder optimal gegeneinander ab.

Das *Entwicklungsteam* (engl. *Development Team*) organisiert sich selbst und führt alle Entwicklungstätigkeiten aus, die nötig sind, um die Einträge im Product Backlog in ein auslieferbares (engl. *releasable*) Softwaresystem umzusetzen. „Entwicklung" bezieht sich dabei auf alle Tätigkeiten, die vom Entwicklungsteam im Sprint erledigt werden, wie die Definition der Testfälle, alle Testaufgaben, die Programmierung von Quellcode, Dokumentation, Integrations- und Releaseaufgaben, usw. Sie deckt damit alle Aufgaben ab, die nötig sind, um sicherzustellen, dass das *Produkt-Inkrement* am Ende eines jeden Sprints einsatzfähig ist und aus technischer Sicht an die Anwender und Endkunden des Produkts oder Services ausgeliefert werden kann. Kriterien, die dabei erfüllt werden müssen und die Arbeit des Entwicklungsteams beeinflussen, werden in einer *Definition of Done* festgehalten.

Das Entwicklungsteam hat klare Entwicklungsstandards, die beschreiben, wie das Team arbeitet und was erforderlich ist, um ein Produkt-Inkrement produktiv einsetzen zu können. Dies stellt die Qualität sicher, die für eine regelmäßige Auslieferung nötig ist und macht sie für alle Beteiligten im Spiel sichtbar.

Das Entwicklungsteam schätzt die Kosten oder Aufwände der einzelnen Product Backlog-Einträge. Es wählt zu Beginn eines Sprints die Arbeit aus dem Product Backlog aus, die es voraussichtlich in diesem Sprint erledigen kann. Die sich weiterentwickelnden Aufwandsschätzungen im Product Backlog können mit tatsächlichen Werten vergangener Sprints verglichen werden, um eine *Prognose* (engl. *forecast*) der umsetzbaren Product Backlog-Einträge für einen Sprint zu erhalten.

Die Rolle des *Scrum Masters* wird von einer Person gespielt, die den Product Owner, das Entwicklungsteam und die Organisation unterstützt. Der Scrum Master ist Lehrer, Coach und Mentor für das Scrum Team und die gesamte Organisation und handelt als Vorbild. Er stellt sicher, dass jeder die Scrum Spielregeln versteht, anwendet und respektiert. Der Scrum Master ist außerdem verantwortlich dafür, dass alle Hindernisse, die das Team in seinem Fortschritt behindern, entfernt werden. Diese Hindernisse werden in Scrum *Impediments* genannt.

Der Scrum Master ermutigt alle Spieler zu Reflexion, Selbstbeobachtung und kontinuierlicher Verbesserung. Der Scrum Master implementiert Scrum, indem er andere dabei unterstützt, Scrum anzuwenden.

2.5.2 Zeit

Die Scrum Spielregeln legen fest, dass die gesamte Arbeit in zeitlich beschränkten Iterationen, den sog. *Sprints*, ausgeführt wird (Abbildung 2.5). Sprints erlauben es dem Entwicklungsteam sich darauf zu konzentrieren, den nächsten Level im Spiel zu erreichen: das *Sprint-Ziel*. Dabei ist es wichtig, Störungen von außen zu minimieren.

Scrum unterscheidet keine unterschiedlichen Arten von Sprints. Das Ziel eines *jeden* Sprints ist es, einen wertvollen Teil einer funktionierenden Software zu liefern, ein (Produkt-)*Inkrement*. Ein Sprint dauert niemals länger als vier Wochen und ist normalerweise zwischen einer und vier Wochen lang.

Ein Sprint beinhaltet als Container-Event die Scrum Meetings, wobei jedes Meeting zeitlich beschränkt ist und eine Gelegenheit bietet, auf sich ändernde Bedingungen zu reagieren:

- Sprint Planning
- Daily Scrum
- Sprint Review
- Sprint Retrospektive

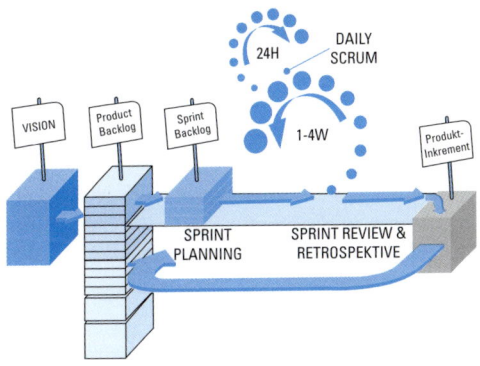

Abbildung 2.5 Übersicht eines Sprints in Scrum

Jeder Sprint beginnt mit dem *Sprint Planning*, bei dem das Entwicklungsteam Arbeit aus dem aktuellen Product Backlog in den Sprint zieht. Das Team bestimmt die Menge an Arbeit, die es in dem Sprint für machbar hält, und berücksichtigt dabei, dass das Produkt-Inkrement am Ende des Sprints auslieferbar sein muss. Die ausgewählte Arbeit ist eine *Prognose* und spiegelt die Erfahrungen des Teams zum Zeitpunkt der Auswahl wider. Das Entwicklungsteam kann dabei berücksichtigen, wie viel Arbeit es in den vergangenen Sprints erledigen konnte, dies mit seiner Kapazität für den kommenden Sprint vergleichen und so die Genauigkeit der Prognose erhöhen. Die Ansichten des Product Owners werden berücksichtigt und ergänzende Details während des Meetings mit dem Product Owner diskutiert.

Die ausgewählte Arbeit, die Prognose, wird durch Analyse und Entwurf verfeinert. Daraus entsteht eine Liste umsetzbarer Entwicklungsaufgaben, das *Sprint Backlog*. Nach Ablauf der Time Box für das Meeting, oder früher, beginnt das Entwicklungsteam mit der Umsetzung der gemeinsam geplanten Arbeit. Das Sprint Planning dauert niemals länger als acht Stunden.

Das Entwicklungsteam trifft sich täglich zu einem kurzen Meeting mit einer Dauer von maximal 15 Minuten, dem *Daily Scrum*. Dort werden der Arbeitsfortschritt überwacht und die nächsten Aufgaben tagesaktuell geplant. Die anstehende Arbeit des Teams wird ausgehend vom tatsächlichen Fortschritt im Sprint so geplant, dass das Sprint-Ziel erreicht wird. Die Änderungen am Plan werden als Aktualisierung der Aufgaben im Sprint Backlog festgehalten. Der jeweilige Fortschritt im Sprint Backlog wird anhand der Menge der noch zu erledigenden Arbeit visualisiert. Wenn der tatsächliche Fortschritt eine Auswirkung auf die ursprüngliche Prognose hat, berät sich das Entwicklungsteam mit dem Product Owner.

Während des fortlaufenden Sprints wird ein Inkrement des Produkts durch die gemeinschaftliche Arbeit des Teams entwickelt. Am Ende des Sprints wird das Produkt-Inkrement im *Sprint Review* auf seine funktionelle Auslieferbarkeit hin überprüft. Wenn der Product Owner diese als alleiniger Vertreter aller Stakeholder bestätigt, kann das Inkrement ohne weitere Verzögerung ausgeliefert werden.

Darüber hinaus sorgt der Product Owner im Sprint Review für eine hohe Transparenz, indem er den Fortschritt im Product Backlog während des Sprints mit Blick auf die langfristige Produktvision aufzeigt. Während der Überprüfung des Produkt-Inkrements erhalten alle Mitspieler durch das Feedback der Stakeholder neue Informationen und Einblicke. Diese Erkenntnisse werden in das Product Backlog übernommen, damit sie zukünftig umgesetzt werden können. Dabei ist jedoch klar, dass der Zeitpunkt der Umsetzung von der Sortierung des Product Owner sowie dem nachhaltigen Fortschritt des Teams abhängt. Ein Sprint Review dauert niemals länger als vier Stunden.

Der Sprint wird mit einer *Sprint Retrospektive* abgeschlossen, in der das Scrum Team seinen Prozess und seine Art zu Arbeiten überprüft und diskutiert. Das Meeting behandelt alle Aspekte der Arbeit, z. B. Technologie, zwischenmenschliche Aspekte, den Scrum Prozess, Entwicklungspraktiken, Produktqualität etc. Dabei soll überprüft werden, was gut lief, was noch verbessert werden kann und welche Experimente sinnvoll sein könnten, um ein noch besseres Produkt bauen zu können.

Das Scrum Team vereinbart im Rahmen seiner kontinuierlichen Verbesserung, was bestehen oder angepasst werden soll, und überlegt sich Experimente sowie Verbesserungen für den nächsten Sprint. Eine Sprint Retrospektive dauert niemals länger als drei Stunden.

> *Scrum kennt nur Sprints, und das Ziel eines jeden Sprints ist es, einen Teil einer funktionierenden Software, ein Inkrement des Produkts, zu liefern. Funktionierende Software wird als einziges Maß des Fortschritts angesehen.*

Die Sprintlänge wird über mehrere Sprints stabil gehalten, um Konsistenz zu erreichen. Sie ist der Herzschlag der Entwicklung und hilft dem Team zu verstehen, wie viel Arbeit es in einem Sprint erledigen kann.

Diese Menge an Arbeit wird manchmal auch als *Velocity* bezeichnet. Sie ist ein Indiz dafür, wie viel Arbeit ein Team in vergangenen Sprints erledigen konnte. Dabei wird für die Velocity nur fertiggestellte Arbeit berücksichtigt. Sie ist für ein konkretes Team und sogar für eine bestimmte Teamzusammensetzung typisch.

Die Sprintlänge ist so gewählt, dass von neu aufkommenden und nicht vorhergesehenen Geschäftsmöglichkeiten profitiert werden kann. Das gemeinsam durchgeführte Sprint Review liefert dem Product Owner die nötigen Informationen, um zu entscheiden, ob das Produkt ausgeliefert werden soll und wie weitere Sprints den Wert des Produkts unter Abwägung von Risiken, Aufwänden und Kosten erhöhen können.

Die Sprintlänge hängt auch davon ab, wie lange ein Team arbeiten kann, ohne Feedback von den Stakeholdern im Sprint Review einzuholen. Das Sprint Review ist eine Gelegenheit, um auf neue strategische Entscheidungen zu reagieren.

Softwareentwicklung ist komplex und geschieht unter unvorhersehbaren Umständen. Wenn ein Team nicht mindestens alle 30 Tage ein auslieferbares Produkt-Inkrement mit Stakeholdern gegen die aktuellen Entwicklungen des Marktes, die geschäftliche Entwicklung und neue Strategien prüft, reduziert es seine Möglichkeiten zu lernen und verringert seine Anpassungsfähigkeit. Ein Sprint darf kürzer als vier Wochen sein, aber niemals länger.

2.5.3 Fortschritt überprüfen

Um *Trends* des zukünftigen Fortschritts in einer komplexen Umgebung vorhersagen zu können, wird der Gesamtfortschritt der Arbeit überprüft und visualisiert.

Die verbleibende Arbeit wird - unter Berücksichtigung des tatsächlichen Fortschritts und neuer Erkenntnisse - regelmäßig in Bezug auf Nutzen, Durchführbarkeit und Umfang bewertet:

- *Fortschritt im Sprint*: Im Sprint wird der Fortschritt täglich überprüft. Das Sprint Backlog enthält immer den aktuell realistischen Plan inkl. Schätzungen der verbleibenden Arbeit, um das Sprint-Ziel zu erreichen.
- *Fortschritt des Produkts*: Der Fortschritt des Produkts wird spätestens im Sprint Review anhand des Product Backlogs überprüft und aktualisiert. Der Product Owner kann Product Backlog-Einträge unverbindlich einem Release zuordnen. Mit dem tatsächlichen Fortschritt vergangener Sprints können der Product Owner und seine Stakeholder ein prognostiziertes Lieferdatum für ein Release bzw. ein oder mehrere Features errechnen.

Der klassische Ansatz in Scrum, um den Fortschritt zu visualisieren, ist das *Burndown Chart*, das in einem Diagramm die Entwicklung der noch verbleibenden Arbeit zeigt (Abbildung 2.6).

Es ist jedoch das Team, das darüber entscheidet, wie sein Fortschritt am besten dargestellt werden kann. Das kann ein Burndown Chart sein, ein physisches Scrum Board, ein *Burnup Chart* (um z. B. den bereits erzeugten Wert zu visualisieren) oder ein kumulatives Flussdiagramm (Abbildung 2.7).

2.5.4 Der Wert des Product Backlogs

Oft wird behauptet, dass das Product Backlog alle Anforderungen enthalten muss. Der Wert des Product Backlogs liegt allerdings nicht darin, komplett, präzise, detailliert oder perfekt zu sein. Der höchste Wert

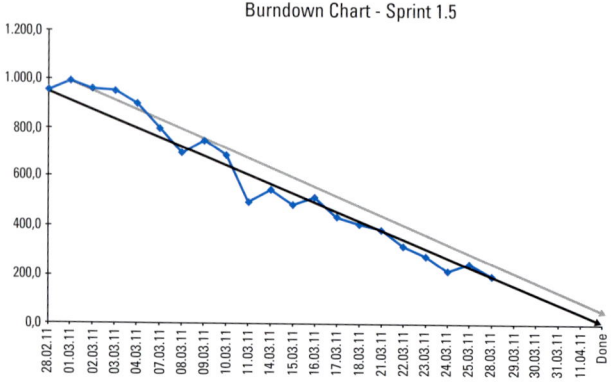

Abbildung 2.6 Beispiel für ein Sprint Burndown Chart

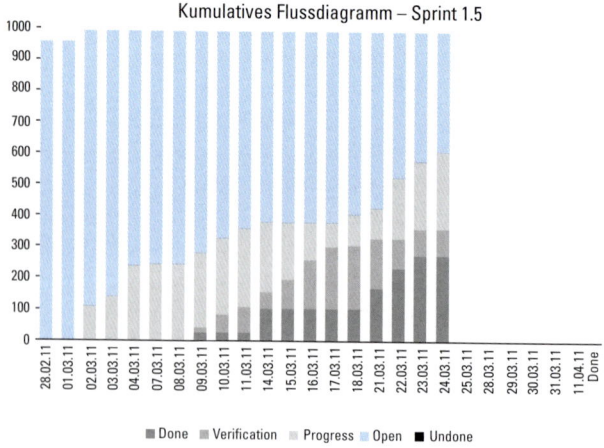

Abbildung 2.7 Beispiel für ein kumulatives Flussdiagramm

des Products Backlogs ist seine Transparenz. Es beschreibt die nötigen Arbeiten, um ein wertvolles, aber minimal funktionsfähiges Produkt[5] (oder Produkt-Inkrement) zu entwickeln. Das Product Backlog macht alle Arbeiten, Entwicklungen, zu beachtende Regeln und begrenzende Faktoren sichtbar, mit denen ein Team umgehen muss, um auslieferbare Software zu entwickeln.

Das Product Backlog ist eine sortierte Liste von Ideen, Features und Alternativen, um ein geplantes Softwareprodukt zum Leben zu erwecken, es zu erhalten und wachsen zu lassen. Diese Liste enthält Funktionalitäten und Features, daneben aber auch Fehlerbeschreibungen, Wartungsarbeiten, Arbeiten an Architektur, Sicherheit, Skalierbarkeit, Stabilität, Laufzeit usw. Zum Zeitpunkt der Erstellung eines Product Backlog-Eintrags liefert dieses Element für den Kunden voraussichtlich einen Mehrwert.

Jeder Eintrag im Product Backlog enthält nur so viele Details, wie nötig sind, um seinen Mehrwert aufzuzeigen. Ein Eintrag ist absichtlich unvollständig, um weitere Diskussionen anzuregen. Jeder Eintrag ist ein Platzhalter für eine Diskussion zum passenden Zeitpunkt.

Der Product Owner ist verantwortlich für das Product Backlog. Das hält ihn aber nicht davon ab, technische Beiträge aus dem Entwicklungsteam zu berücksichtigen. Ebenso zieht er auch Abhängigkeiten, nichtfunktionale Anforderungen und organisatorische Vorgaben mit in Betracht.

Das Product Backlog wird schrittweise verfeinert und führt so zu einer inkrementellen Entwicklung der Anforderungen an das Produkt (Abbildung 2.8).

Mit fortschreitender Entwicklung wird das Product Backlog verfeinert, angepasst und aktualisiert. Das Product Backlog wird kontinuierlich

---

5   Minimum Viable / Valuable Product oder MVP.

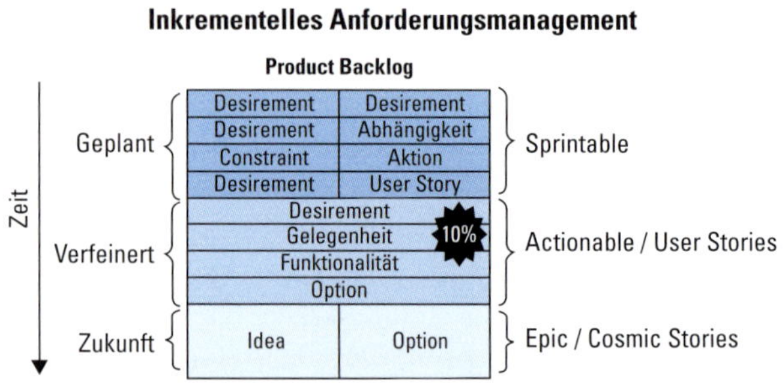

Inkrementelles Anforderungsmanagement

Product Backlog

Geplant	Desirement / Desirement / Constraint / Desirement	Desirement / Abhängigkeit / Aktion / User Story	Sprintable
Verfeinert	Desirement / Gelegenheit / Funktionalität / Option	10%	Actionable / User Stories
Zukunft	Idea	Option	Epic / Cosmic Stories

Zeit ↓

Abbildung 2.8 Inkrementelle Entwicklung des Product Backlog

durch den Product Owner (um-)sortiert. Die Einträge werden regelmäßig zusammen mit dem Entwicklungsteam im *Product Backlog Refinement* überarbeitet. Die Erfahrung zeigt, dass bis zu 10 % der Zeit im Sprint dafür verwendet werden sollte.

Der Product Owner achtet darauf, die Bedürfnisse aller der durch ihn im Scrum Team repräsentierten internen und externen Stakeholder abzuwägen. Er achtet darauf, dass die Beschreibungen und die Planung der Arbeit jeweils „gut genug" sind und unnötige Details weggelassen werden. Dadurch wird Zeit- und Geldverschwendung vermieden, falls etwas am Ende nicht oder anders entwickelt wird.

Die Detailtiefe der Beschreibung eines Product Backlog-Eintrags liegt irgendwo zwischen einem Wunsch (engl. *desire*) und einer Anforderungsbeschreibung (engl. *requirement*). Ein „Wunsch" ist zu unscharf, um damit arbeiten zu können und eine Anforderung ist zu detailliert spezifiziert und geht zu sehr ins Detail. Überspezifikation in der Softwareentwicklung behindert das situationsgerechte Reagieren auf die aktuelle Situation. Es verhindert die optimale Nutzung von Technologie sowie Synergieeffekte und führt damit letztendlich zu Geldverschwendung, selbst in Umgebungen mit minimalen Störungen oder Änderungen.

Deshalb eignet sich der Begriff „Desirement" als Kombination aus Desire und Requirement gut für Product Backlog-Einträge.

Desirements durchlaufen gemäß ihrer Reihenfolge das Product Backlog sowie das Sprint Backlog und werden zum Teil eines auslieferbaren Produkt-Inkrements. Obwohl die Sortierung des Product Backlogs von einer komplexen Kombination aus Faktoren wie Kosten/Aufwand, Abhängigkeiten, Priorität, Zusammengehörigkeit und Konsistenz abhängt, ist es notwendig den (Geschäfts-)Wert im Auge zu behalten.

Schlüsselfaktoren für einen Product Backlog-Eintrag sind Kosten und Wert:

- *Kosten*: Die Kosten, oder der Aufwand, eines Product Backlog-Eintrags werden normalerweise als dessen relative Größe ausgedrückt. Vergangene Sprints zeigen einem Team, wie viel Arbeit – geschätzt in Aufwand oder Kosten – durchschnittlich während eines Sprints in ein auslieferbares Produkt-Inkrement umgesetzt werden kann. Auf dieser empirischen Basis kann eine Annahme getroffen werden, wann ein Eintrag des aktuellen Product Backlogs als Teil des sich entwickelnden Produkts verfügbar sein könnte. Dadurch entsteht Planbarkeit, die jedoch berücksichtigt, dass jede Annahme durch das heutige Wissen und die aktuell herrschenden Umstände begrenzt wird.
- *Wert*: Ein wichtiges Prinzip agiler Vorgehensweisen ist es, *„den Kunden durch frühe und kontinuierliche Auslieferung wertvoller Software zufrieden zu stellen"* (Beck et al., 2001). Ohne die Merkmale zu kennen, die den (Geschäfts-)Wert von Product Backlog-Einträgen definieren, kann ein Product Owner nicht wissen, wie viel Wert ein Feature oder eine Idee voraussichtlich für einen Kunden besitzt. Die relevanten Merkmale des Werts sind abhängig von der Art des Unternehmens, dem Produkt und der Marktsituation. Der Wert eines Product Backlog-Eintrags kann indirekt sein, so dass ein nicht berücksichtigter Product Backlog-Eintrag den Wert des Systems oder sogar der Organisation beeinträchtigt, oder dass durch die Nichtberücksichtigung ein negativer Wert erzeugt wird.

Der Wertbegriff hilft dem Product Owner und seinen Stakeholdern, sich von der (falschen Idee von) Perfektion eines Produkts zu lösen, die vollständig erreicht werden muss, bevor das Produkt ausgeliefert werden kann. Der Fokus verlagert sich hin zu einem minimal vermarktbaren Produkt und der minimal nötigen Arbeit, um wirklichen Wert in den Markt zu bringen. Das Product Backlog kann benutzt werden, um Einträge, Features und nichtfunktionale Anforderungen zu zusammenhängenden Feature Sets zu bündeln.

> Das Product Backlog ist in Scrum der einzige Plan, der nötig ist. Seine „Desirements" enthalten alle erforderlichen Informationen, um eine Vorhersage zu Funktionsumfang und Zeitpunkt treffen zu können. Jeder Product Backlog-Eintrag benötigt die richtigen Merkmale, damit er einsortiert werden kann und nicht nur priorisiert wird.

2.5.5 Die Bedeutung von „Done"

In einer „Definition of Done" werden die Bedingungen festgehalten, die von einem Produkt-Inkrement erfüllt werden müssen, um als auslieferbar (engl. *releasable*) zu gelten. Sie ist ein Überblick über alle Aktivitäten, Kriterien, Aufgaben und Arbeiten, die für einen lauffähigen Teil der Software erledigt werden müssen, damit dieser Teil produktiv ausgeliefert werden kann.

Die Definition of Done ist für die Überprüfung des Inkrements im Sprint Review notwendig, um umfassend zu verstehen, was dafür getan werden muss, dass ein auslieferbares Produkt-Inkrement entsteht. Sie dient der in Scrum benötigten Transparenz im Hinblick auf die zu erledigende und die tatsächlich erledigte Arbeit.

Das Attribut „potenziell" wird dem Begriff „auslieferbares Produkt-Inkrement" vorangestellt. Es bezieht sich auf die Verantwortlichkeit des Product Owners, über eine tatsächliche Auslieferung zu entscheiden; diese Entscheidung wird in der Regel von geschäftlichen Zusammenhängen und dem funktionalen Nutzen, der im Sprint Review festgestellt wird, beeinflusst. Die Entscheidung des Product Owners über die Auslieferung darf aber nicht durch noch offene Entwicklungstätigkeiten verzögert werden, weshalb alle Arbeit, die ein „Done" Produkt-Inkrement erfordert, vor dem Sprint Review erledigt sein muss.

Der Empirismus von Scrum funktioniert nur durch Transparenz. Transparenz benötigt gemeinsame Standards, gegen die entwickelt wird und die beachtet werden. Die Definition of Done legt diese Standards für die *„Auslieferbarkeit"* fest und sollte allen Mitspielern bekannt sein. Transparenz meint dabei nicht nur sichtbar, sondern auch verständlich. Der Inhalt der Definition of Done sollte selbsterklärend sein.

Die Definition of Done macht Qualität zum Herzstück dessen, was Scrum Teams tun. Kein Bestandteil des Produkt-Inkrements ist *undone*. Nichts, was *undone* ist, wird produktiv ausgeliefert. *Niemals.* Ausgehend von der Inspektion des Inkrements unter Berücksichtigung der Definition of Done im Sprint Review kann die gemeinschaftliche Diskussion Qualitätsaspekte und Qualitätsanforderungen der Organisation behandeln. Das hilft dem Team, in der darauf folgenden Sprint Retrospektive über die Definition of Done nachzudenken. Das selbstorganisierte Entwicklungsteam wird alles in die Definition of Done übernehmen, was innerhalb seiner Möglichkeiten liegt und zusätzlich das Feedback der Stakeholder berücksichtigen.

Die Definition of Done ist vorrangig das Eigentum und in der Verantwortung des Entwicklungsteams, so wie das Product Backlog vorrangig das Eigentum und in der Verantwortung des Product Owners ist. Das Entwicklungsteam verrichtet die gesamte harte Arbeit, um funktionsfähige Software zu liefern, die der Definition of Done entspricht. Eine Definition of Done kann dem Entwicklungsteam nicht aufgezwungen werden. Genauso wenig kann sie durch Kräfte außerhalb des Entwicklungsteams beschnitten werden. Das Entwicklungsteam wird seine eigenen Entwicklungsstandards festlegen und selbstverständlich die funktionalen und geschäftlichen Qualitätsanforderungen des Product Owners mit aufnehmen. Das Entwicklungsteam wird außerdem generelle Anforderungen und Vorgaben der Organisation berücksichtigen (aus den Bereichen Entwicklung, Engineering, Qualitätssicherung oder Betrieb).

Entscheidungen über die Definition of Done hängen von vorhandenen Kenntnissen, Befugnissen sowie der Verfügbarkeit externer Systeme, Dienste und Schnittstellen ab. Auch wenn Abhängigkeiten normalerweise durch die Sortierung des Product Backlogs aufgelöst werden, möchte ein Entwicklungsteam vorankommen. Das Team wird deshalb wahrscheinlich Platzhalter- und Simulatorkomponenten für nicht verfügbare Systeme oder noch nicht aufgelöste technische Abhängigkeiten verwenden. Es ist jedoch allen Beteiligten bewusst, dass diese Lösungen noch nicht wirklich „done", also auslieferbar, sind. Sie erhöhen die Unabhängigkeit des Teams, ohne dabei die Abhängigkeit selbst aufzulösen. Im System ist eine unkalkulierbare Menge an Arbeit verborgen, die zu erledigen ist, um eine auslieferbare Software zu erhalten. Bis dahin hat der Product Owner keine Möglichkeit, zu entscheiden, ob tatsächlich ausgeliefert werden soll oder nicht. Glücklicherweise macht das Sprint Review diese Information auch gegenüber den Stakeholdern sichtbar, wodurch die Chancen steigen, dass die entsprechenden Maßnahmen in der Organisation eingeleitet werden.

> *Die Definition of Done ermöglicht es, ein Produkt-Inkrement in einer auslieferbaren Qualität zu entwickeln, um bestmöglich auf Markt- und andere Chancen reagieren zu können.*

■ 2.6 KERNPRINZIPIEN VON SCRUM

Das Scrum Spielbrett (Abbildung 2.4) zeigt nicht nur die formal vorgeschriebenen Elemente von Scrum, sondern auch drei Prinzipien, die ich für Kernprinzipien halte und auf die ich hier näher eingehen werde:

- Gemeinsamer, visueller Arbeitsbereich

- Selbstorganisation
- Empirische Prozesskontrolle

2.6.1 Gemeinsamer, visueller Arbeitsbereich

Teams brauchen einen gemeinsamen Arbeitsbereich für ihre tägliche Arbeit, um vernünftig und mit hoher Produktivität zusammenarbeiten zu können. Das Team wird seinen Arbeitsbereich so gestalten, dass er Kommunikation und Zusammenarbeit optimal unterstützt. Dadurch werden Barrieren abgebaut – physische, aber auch mentale – die den Informationsfluss behindern. Der gemeinsame Arbeitsbereich ermöglicht es dem Team und seinen Mitgliedern, schnell Entscheidungen zu treffen, die von allen mitgetragen werden. Auch wenn sie nicht vorgeschrieben ist, ist die Zusammenarbeit am selben Ort (engl. *co-location*) besser für die Teamdynamik. Doch selbst wenn Teammitglieder an unterschiedlichen Orten arbeiten, benötigt das Team einen gemeinsamen Arbeitsbereich. Durch moderne Kommunikationstechnologien wird das möglich.

Innerhalb des Arbeitsbereichs sollte ein Team sich darauf konzentrieren, wertschöpfend zu arbeiten. Jeder unnötige Verwaltungsaufwand wird auf ein Minimum beschränkt. Das schließt auch das Speichern von Informationen mit ein. Teams benötigen einen schnellen und ungehinderten Zugriff auf alle das Team betreffenden Informationen, um diese erstellen, pflegen und teilen zu können und um auf ihnen aufbauende Entscheidungen zu beschleunigen. Deshalb bevorzugen Teams *visuell* verfügbare Informationen und verwenden Techniken, um Informationen visuell darzustellen. Der gemeinsame Arbeitsbereich wird oft mit sogenannten *Information Radiators* ausgestattet (Cockburn, 2002)[6]. Diese helfen, die Zeit, die für die Verteilung der Informationen benötigt wird, auf ein Minimum zu reduzieren.

---

6 Ein Auszug aus dem angegebenen Buch findet sich unter http://alistair.cockburn.us/Information+radiator.

Ein Team verwendet in der Regel die Wände des gemeinsamen Arbeitsbereichs, um z. B. auf Whiteboards oder Flipcharts gemeinsam benötigte Informationen zu veröffentlichen. Dazu gehören aktuelle Aufgaben, Definitionen, Standards und Vereinbarungen sowie sonstige Informationen rund um den Prozess und seinen Fortschritt. Dabei beschränkt es sich nicht auf bestimmte Artefakte, sondern fügt all die Informationen hinzu, die ihm relevant und angemessen erscheinen, wie z. B. Entwürfe, Modelle, Folgenabschätzungen, Impediments, die Definition of Done etc.

Beim Betreten des Raums sind all diese Informationen sofort verfügbar. Der Raum strahlt sie förmlich an den interessierten Leser aus. Der Leser muss keine elektronischen Systeme prüfen, Zugänge erhalten, sich anmelden, nach der aktuellsten Version suchen oder sogar danach fragen. Scrum Teams pflegen alle wesentlichen Informationen auf diese Art, um sie innerhalb und über das Team hinaus zu *teilen* und für Überprüfung und Anpassung zu verwenden.

Die Information ist dabei nicht statisch. Sie spiegelt jederzeit den aktuellen Zustand wider und wird dazu verwendet, die wahrscheinliche Zukunft zu prognostizieren. Ein Beispiel dafür sind Burndown-Charts.

Ein gemeinsamer und visueller Arbeitsbereich erhöht die Transparenz und beschleunigt den Informationsaustausch erheblich.

2.6.2 Selbstorganisation

Scrum lebt von der täglichen Zusammenarbeit der drei gleichberechtigten Rollen im Scrum Team. Jede Rolle hat klar definierte Verantwortlichkeiten innerhalb des Teams, aber auch gegenüber der Organisation. Sowohl das Scrum Team als auch das Entwicklungsteam sind selbstorganisierende Einheiten.

Selbstorganisation bezieht sich dabei nicht nur auf den zugestandenen Grad an Freiheit. Bei Selbstorganisation geht es nicht ums Delegieren. Selbstorganisation *ist*, sie geschieht. Selbstorganisation braucht keine Ermächtigung von außen, es gibt keine Autorität, die sie verleiht.
Um sich wirklich selbst organisieren zu können, müssen bestehende Barrieren entfernt werden, die Menschen in ihrer Kommunikation und Zusammenarbeit beeinträchtigen oder sie daran hindern, mehr über sich und die Umgebung zu lernen. Die Rolle von Führungskräften außerhalb des Scrum Teams ist es, sie dabei zu unterstützen, Barrieren in der Organisation oder in Prozessen zu entfernen.

Selbstorganisation bedeutet aber auch nicht Anarchie oder grenzenlose Freiheit. Selbstorganisation hat und braucht Grenzen, innerhalb derer sie geschieht. Die Scrum Regeln sind solche grundsätzlichen Grenzen, in denen das Team seine Arbeit organisiert:

- Das Entwicklungsteam wählt gemeinsam die Arbeit aus, die vom Product Owner beschrieben und sortiert wurde, und erstellt daraus gemeinsam Arbeitspakete für eine Sprint Prognose. Dieser Plan wird täglich im Rahmen des zeitlich beschränkten Sprints aktualisiert, um die Ergebnisse als Ausgabe des Teams zu optimieren.
- Der Product Owner identifiziert zusammen mit den Stakeholdern und dem Produktmanagement die Aufgaben mit dem höchsten Wert. Er vertraut darauf, dass diese vom interdisziplinären Entwicklungsteam in einem Produkt-Inkrement auch tatsächlich geliefert werden. Die Stakeholder helfen dabei, das zukünftige Produkt bei jedem Sprint Review mitzugestalten.
- Der Scrum Master interessiert sich nicht für Funktionsumfang, Budget, Lieferzeiten oder Aufgaben, sondern hilft dem gesamten Ökosystem als Coach dabei, Scrum für die eigene Steuerung einzusetzen.

Menschen, die in Teams arbeiten, haben den stärksten Zusammenhalt, das größte Vertrauen und die effektivsten Beziehungen, wenn das Team ungefähr sieben Mitglieder umfasst. Obwohl Scrum die erwartete Größe des Entwicklungsteams zwischen drei und neun festlegt, ist kein formaler Prozess nötig, um diese durchzusetzen. Durch Selbstorganisation wird das Team seine Größe selbständig anpassen, bis es optimal arbeiten kann. Das passiert sogar über mehrere Teams hinweg, die zusammen arbeiten. Es gibt niemanden, der Aufgaben besser organisieren kann als die Menschen, die sie ausführen.

In seinem bahnbrechenden Buch „Drive" geht Daniel Pink auf wissenschaftliche Ergebnisse ein, die untersuchen, was Menschen motiviert. Er beschreibt, wie „Selbststeuerung" (engl. *self-directiveness*), also die Möglichkeit von Menschen, ihre eigene Arbeit selbst steuern zu können, einer der drei wesentlichen Motivatoren für kognitiv anspruchsvolle und kreative Arbeit ist (Pink, 2009). „Meisterschaft" (engl. *mastery*) und „Sinn" (engl. *purpose*) sind die zwei weiteren Motivatoren. Pink beschreibt die Kombination der drei Elemente als *third drive*, einem Modell für intrinsische menschliche Motivation. Der *first drive* ist demnach der Überlebenswille und der *second drive* der industrielle tayloristische Ansatz von Zuckerbrot und Peitsche (engl. *carrot and stick*).

Autonomie und Selbstorganisation lösen jedoch nicht alle Probleme. Manche Probleme gehen über die Selbstorganisation des Entwicklungsteams hinaus. Scrum nennt diese „Impediments".

Solche Impediments sind in Scrum Blockaden oder Behinderungen, die das (Entwicklungs-)Team in seinem Fortschritt bremsen oder daran hindern, einen wertvollen Teil der Software in einem Sprint herzustellen. Der Scrum Master ist zuständig dafür, diese Impediments zu beseitigen.

Das Konzept von „Impediments" in Scrum ist jedoch kein Ersatz für herkömmliche Eskalationsverfahren. Ein Impediment wird nur dann als solches betrachtet, wenn es die Möglichkeiten des Teams zur Selbstorganisation übersteigt und selbstorganisiert nicht beseitigt werden kann.

Das folgende Beispiel eines Konflikts zwischen Mitgliedern des Teams soll das verdeutlichen.

Ein Team könnte Probleme mit der Lösung eines Konflikts innerhalb des Teams haben, diesen Konflikt „Impediment" nennen und vom Scrum Master seine Beseitigung erwarten. Sie erwarten also vom Scrum Master, den Konflikt zu lösen.

Als Team wird man sich jedoch unvermeidlich näher kennenlernen und dabei Wege finden müssen, wie man zusammen Software entwickelt, verschiedene Wege der Zusammenarbeit ausprobiert, bei unterschiedlichen Ideen einen Konsens findet und das Bedürfnis nach persönlichem Heldentum überwindet. In ihrem Buch "Coaching Agile Teams" (Adkins, 2010) geht Lyssa Adkins auf „konstruktive Uneinigkeit" (engl. *constructive disagreement*) als eine Notwendigkeit für Teamarbeit ein[7]. Diese unterste Konfliktebene entspricht der von Takeuchi und Nonaka als fruchtbaren Boden für die erfolgreiche Entwicklung komplexer Produkte beschriebenen „integrierten Instabilität" (engl. *built-in instability*) (Takeuchi und Nonaka, 1986). Menschen, die in Freiheit handeln können, werden ganz natürlich gemeinsam den besten Weg finden, ohne eine äußere Autorität, die die Lösung vorgibt.

Konflikte sind ein natürlicher Bestandteil der Zusammenarbeit von Menschen und der Arbeit im Team. Sie sind ein Teil von Selbstorganisation und eine Voraussetzung dafür, sich als Team zu verbessern. Wenn ein Team diese durch den Scrum Master lösen lassen möchte, sollten wir uns fragen, was das eigentliche Problem ist. Ist es die Aufgabe des Scrum Masters, den Konflikt zu lösen? Oder wäre das ein unerwünschter Eingriff in das selbstorganisierende Ökosystem und würde dadurch in Zukunft Ehrlichkeit, Lernbereitschaft und Selbstverbesserung untergraben?

---

7 Ein Auszug aus dem angegebenen Buch findet sich unter http://agile.dzone.com/articles/agile-managing-conflict.

Wie kann der Scrum Master Selbstorganisation unterstützen? Dadurch, dass er dem Team eine Entschuldigung liefert, eine Entscheidung von außen, hinter der es sich verstecken kann? Ein Scrum Master als Förderer von Scrum und Selbstorganisation sollte darüber nachdenken, wie er einem Team helfen kann, seine Probleme selbst zu lösen. Er sollte Werkzeuge, Trainings und Erkenntnisse anbieten, die dies bestmöglich unterstützen.

2.6.3 Empirische Prozesskontrolle

Softwareentwicklung ist eine komplexe Tätigkeit und dient dazu, komplexe Produkte in komplexen Umgebungen zu entwickeln.

Der Grad der „Komplexität" hängt dabei von der Anzahl der Einflussfaktoren, Variablen und Ereignisse ab, die eine Tätigkeit und ihre Richtung beeinflussen. In der Softwareentwicklung gehören dazu unter anderem die Anforderungen, Kenntnisse, Erfahrungen, Menschen, Teams, Technologien, beteiligte Systeme, Bedingungen am Markt, Vorschriften und Abhängigkeiten.

Ausschlaggebend ist jedoch nicht nur die Anzahl an bekannten Faktoren, sondern auch das *verfügbare* und *benötigte* Wissen über diese Parameter. Bis zu welchem Grad müssen wir einen Einflussfaktor und sein zukünftiges Verhalten verstehen? Auch wenn ein Faktor bekannt ist, könnte das benötigte Wissen zu umfangreich sein, um ihn effektiv steuern und kontrollieren zu können. Zusätzlich ist nicht jeder Faktor vorhersagbar und kann sich zum Teil komplett anders verhalten als erwartet.

Komplexität hängt außerdem von der Art der Tätigkeit selbst ab. Vor oder zu Beginn der Softwareentwicklung sind die genauen Ergebnisse der Softwareentwicklung im Detail schwierig zu beschreiben und vorherzusagen. Die Schritte, Aufgaben und Tätigkeiten, die zusammen die Arbeit der Softwareentwickler bilden sind nicht mit genügend hoher Genauigkeit vorhersagbar. Die Arbeit wird von Menschen erledigt und deren Mitwirkung hängt von vielen Begleitumständen ab. Zusätzlich arbeiten diese Menschen mit Technologie, die sich ständig weiter entwickelt und vom konkreten Umfeld in einer Organisation abhängig ist.

Die Schritte, Aufgaben und Tätigkeiten der Softwareentwicklung sind nicht genau vorhersagbar, weil sie nicht wiederholbar sind. Jedes entwickelte „Produkt" ist einzigartig, neue Technologien entstehen, neue Schnittstellen müssen entwickelt werden, neue Plug-Ins werden verwendet, neue Systeme müssen integriert werden. Jeden Tag werden neue Erkenntnisse gewonnen und Praktiken der Programmierung entdeckt.

Die Dynamik eines Problems oder einer Aufgabe verlangt nach dem richtigen Prozess, um die Kontrolle über sie zu behalten:

- *Offener Regelkreis*: Alle Variablen werden im Vorfeld gesammelt, um sie dem System zu übergeben, in dem sie dann anhand eines Algorithmus zu einem vorhersagbaren Ergebnis verarbeitet werden (Abbildung 2.9). Um Vorhersagbarkeit über die benötigte Zeit zu bekommen, setzt diese Art von Prozesskontrolle einen hohen Grad an Vorhersagbarkeit der Variablen voraus, die den Prozess und seine Prozessschritte beeinflussen.
  Um Kontrolle über große oder komplexe Probleme in einem offenen Regelkreis zu erhalten, werden im System Teilsysteme etabliert, von denen jedes wieder ein offener Regelkreis ist. Jedem Teilsystem wird das Ergebnis als Ausgabe des vorhergehenden Teilsystems übergeben. Bei erhöhter Unruhe und vielen Änderungen im System häufen sich Abweichungen des Plans über die verschiedenen Teilsysteme hinweg, die weit über die akzeptablen Grenzen hinausgehen. Solche Abweichungen werden erst am Ende des letzten Teilsystems identifiziert.

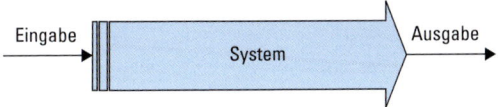

Abbildung 2.9 Offener Regelkreis

Ein klassisches plangetriebenes Vorgehen ist Ausdruck des industriellen Denkens in offenen Regelkreisen. Solche Pläne können jedoch nur bekannte Variablen und deren *erwartetes* Verhalten berücksichtigen. Sie erschaffen die Illusion, dass das Verhalten der bekannten Variablen genau verstanden werden kann und keine weiteren Variablen existieren. Solche Pläne sorgen vorab für eine umfassende Betrachtung aller den Plan beeinflussenden Faktoren und versuchen, das Unvorhersehbare vorherzusehen. Um nicht vorhersagbare Variablen oder unerwartetes Verhalten zu kontrollieren, werden schwergewichtige Prozesse benötigt, mit deren Hilfe der vorhergesagte Plan überprüft, korrigiert und aktualisiert werden kann.

- *Geschlossener Regelkreis*: Das tatsächliche Ergebnis des Systems – seine Ausgabe – wird regelmäßig mit dem erwünschten Resultat verglichen, um unerwünschte Abweichungen zu beheben oder nach und nach zu reduzieren (Abbildung 2.10). Nicht alle Variablen und Faktoren müssen vorab genau und im Detail bekannt sein, da der Prozess sich bei neuen oder ändernden Parametern selbst korrigiert und diese Parameter mit berücksichtigt. Diese Praktik von regelmäßigen Überprüfungen benötigt und erzeugt Transparenz. Die reale Situation wird sichtbar gemacht und analysiert, um sinnvolle Maßnahmen treffen zu können, die die Lücke zwischen dem tatsächlichen und dem erwünschten Ergebnis schließen. Die Personen, die die Überprüfung durchführen, benötigen klare und vereinbarte Standards für die Überprüfung. Dazu brauchen die Mitspieler Transparenz bezüglich des Prozesses und aller seiner Variablen.

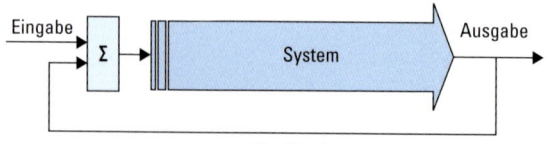

Abbildung 2.10 Geschlossener Regelkreis

Scrum akzeptiert, dass für die Komplexität in der Softwareentwicklung eine passende Herangehensweise benötigt wird, also ein geschlossener Regelkreis mit Rückkopplung. Scrum ersetzt die offenen Regelkreise der traditionellen Vorgehensweisen durch das *empirische* Vorgehen eines geschlossenen Regelkreises. Scrum bietet dabei regelmäßige Möglichkeiten zur Überprüfung und Anpassung, bei denen die Mitspieler durch die Überprüfung lernen können, Feedback sammeln und sich verbessern können. Scrum bringt damit eine auf Tatsachen basierende Kontrolle in die Softwareentwicklung ein.

Scrum kennt zwei spezifische geschlossene Regelkreise. Der Sprint bildet einen Kreis von „Überprüfung und Anpassung", innerhalb dessen Daily Scrums Kreise von je 24 Stunden bilden.

- *Das Daily Scrum*: Das Entwicklungsteam überprüft seinen Fortschritt und schätzt und plant seine weiteren Aufgaben im Sprint. *Diese wurden ursprünglich im Sprint Planning erstellt.* Sie arbeiten mit dem Sprint Backlog, dem Sprint-Ziel und dem aktuellen Fortschrittstrend, um den noch verbleibenden Aufwand abzuschätzen. So stellen sie sicher, dass sie nie mehr als 24 Stunden die Synchronisation zu ihrem Team oder dem Sprint-Ziel verlieren.
- *Der Sprint*: Ein Sprint ist ein Regelkreis, der mit der Planung der Arbeit beginnt und mit der Inspektion des tatsächlichen Arbeitsergebnisses, einem Produkt-Inkrement, endet. Dabei wird auch berücksichtigt, *wie* es entwickelt wurde, also der Prozess, die Zusammenarbeit im Team und die Technologie.

Die Ereignisse in Scrum bestimmen die Frequenz von Überprüfung und Anpassung, wobei die Artefakte die zu überprüfenden und anzupassenden Informationen enthalten (Abbildung 2.11).

Diese formalen Ereignisse sieht Scrum als Gelegenheit zur Überprüfung und Anpassung der realen Situation vor. Die Kunst des empirischen Vorgehens erfolgt damit nie später als innerhalb dieser Ereignisse. Das

Ereignis	Überprüfung	Anpassung
Sprint Planning	• Product Backlog • (Aufgaben aus der Retrospektive) • (Definition of Done)	• Sprint-Ziel • Sprint Backlog
Daily Scrum	• Sprint-Fortschritt • (Sprint-Ziel)	• Sprint Backlog • Täglicher Plan
Sprint Review	• Produkt-Inkrement • Product Backlog • (Release Fortschritt)	• Product Backlog
Sprint Retrospektive	• Team & Zusammenarbeit • Technologie & Engineering • Definition of Done	• Konkrete Aufgaben zur Verbesserung (Action Items)

Abbildung 2.11 Empirisches Arbeiten in Scrum

soll das Team aber nicht davon abhalten, sich selbst zu verbessern oder über Verbesserungen und seinen Fortschritt nachzudenken, wann immer es nötig ist. In einer Welt hoher Dynamik, die zur Nutzung von Scrum führt, profitieren Teams mit großer Sicherheit sehr schnell von neuen Informationen und Erkenntnissen für die Verbesserung ihrer Entwicklungsarbeit.

■ 2.7 DIE SCRUM WERTE

Scrum ist, wie in diesem Kapitel gezeigt wurde, ein Framework von Regeln, Rollen und Prinzipien, das Menschen und Organisationen hilft, einen funktionierenden Prozess zu entwickeln, der zu ihrer Zeit und ihren Umständen passt. Scrum setzt empirisches Vorgehen als optimalen Prozess zur Kontrolle von Komplexität ein.

Das Scrum Framework baut auf einigen grundsätzlichen Werten auf (Schwaber & Beedle, 2001). Obwohl diese Werte nicht als Teil von Scrum entwickelt wurden und auch nicht exklusiv zu Scrum gehören, sind sie für die Zusammenarbeit und das Verhalten in Scrum doch richtungsweisend (Abbildung 2.12).

In einem Scrum Umfeld sollten alle Entscheidungen, die wir treffen, die Schritte, die wir tun, die Art, wie wir das Spiel spielen, die Praktiken, die wir hinzufügen, und unsere Tätigkeiten rund um Scrum diese Werte verstärken und sie nicht limitieren oder gar untergraben.

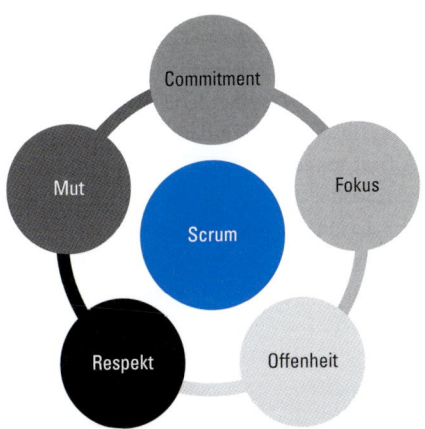

Abbildung 2.12 Die Scrum Werte

2.7.1 Commitment

Die englische Definition von „Commitment" (dt. *Selbstverpflichtung*) ist *"the state or quality of being dedicated to a cause, activity, etc."*, was so viel heißt wie *der Zustand oder der Grad, zu dem man sich einer Sache, Aufgabe o.Ä. verpflichtet fühlt*. Die Erklärung kann verdeutlicht werden durch einen Trainer, der sagt *„Meinen Spielern ist in Bezug auf ihr Commitment nichts vorzuwerfen"*.

Das beschreibt genau die Art und Weise, in der der Begriff ursprünglich in Scrum verwendet werden sollte. Commitment bezieht sich auf die Handlungen und die Leistungsbereitschaft. Es geht nicht um das Endergebnis.

Es gab jedoch eine weitreichende Missdeutung des Wortes „Commitment" im Scrum Umfeld. Diese resultiert hauptsächlich aus der in der Vergangenheit im Scrum Framework beschriebenen Erwartung, dass Teams sich zu einem Sprint „committen" sollten. Durch die Brille des alten, industriellen Paradigmas betrachtet wurde das fälschlicherweise so interpretiert, dass der gesamte im Sprint Planning ausgewählte Umfang an Arbeit *unter allen Umständen* bis zum Sprint Review erledigt sein würde. „Commitment" war damit falsch als ein festgeschriebener Vertrag klassifiziert.

In der komplexen, kreativen und hochgradig unvorhersehbaren Welt der Softwareentwicklung ist die Zusage eines exakten Funktionsumfangs innerhalb einer bestimmten Zeit und für ein bestimmtes Budget nicht möglich. Zu viele der Variablen, die das Ergebnis beeinflussen, sind unbekannt oder nicht vorhersehbar.

Im Kontext eines Sprints wurde daher das Wort „Commitment" durch „Prognose" ersetzt. Dies entspricht eher dem ursprünglichen Sinn und passt besser zu einem empirischen Vorgehen.

Commitment ist und bleibt jedoch ein Grundwert von Scrum:

Die Spieler verpflichten sich gegenüber dem Team, zu Qualität, Zusammenarbeit und Lernen. Sie verpflichten sich, jeden Tag aufs Neue ihr Bestes zu geben, das Sprint-Ziel zu verfolgen und professionell zu agieren. Zu Selbstorganisation und erstklassiger Leistung sowie zu den agilen Prinzipien. Sie verpflichten sich dazu, auslieferbare Software zu entwickeln, nach Verbesserungen zu suchen, sowie zur Definition of Done. Zum Scrum Framework, zum Fokus auf den Wert und dazu, Arbeiten abzuschließen.

Sie verpflichten sich zu Überprüfung und Anpassung, zu Transparenz und dazu, den Status quo zu hinterfragen.

2.7.2 Fokus (engl. *focus*)

Die ausgewogenen, aber klar abgegrenzten Scrum Rollen erlauben es allen Mitspielern, sich auf ihre jeweilige Expertise zu fokussieren.

Die zeitliche Beschränkung in Scrum hält die Mitspieler dazu an, sich *jetzt* auf die wichtigsten Dinge zu konzentrieren, ohne darüber nachdenken zu müssen, was evtl. in Zukunft einmal wichtig werden könnte. Sie fokussieren sich auf das, was sie *jetzt* wissen. YAGNI ("You Ain't Gonna Need It" oder „Du wirst es nicht brauchen") ist ein Prinzip aus dem eXtreme Programming, das den Fokus agiler Vorgehensweisen gut zusammenfasst und dabei hilft, diesen Fokus aufrechtzuerhalten. Es wird auf das Unmittelbare fokussiert, da die fernere Zukunft höchst unsicher ist und die Mitspieler vom jetzigen Zustand lernen wollen, um für diese Zukunft Erfahrung zu sammeln. Sie fokussieren sich darauf, Dinge zu erledigen. Sie fokussieren sich auf die einfachste Lösung, die funktionieren könnte.

Das Sprint-Ziel fokussiert auf einen Zeitraum von 30 Tagen oder weniger. In diesem Zeitraum hilft das Daily Scrum dem Team, sich gemeinsam auf die tägliche Arbeit zu fokussieren.

2.7.3 Offenheit (engl. *openness*)

Das empirische Vorgehen von Scrum benötigt Transparenz, Offenheit und Ehrlichkeit. Die überprüfenden Mitspieler wollen den aktuellen Zustand prüfen, um sinnvolle Anpassungen vornehmen zu können. Die Mitspieler sind offen in Bezug auf ihre Arbeit, den Fortschritt, ihr Lernen und ihre Probleme. Sie sind aber auch offen gegenüber Menschen und der Arbeit mit Menschen; sie wissen, dass Menschen keine „Ressourcen", Roboter oder beliebig austauschbare Teile einer Maschine sind.

Die Mitspieler sind offen gegenüber interdisziplinärer Zusammenarbeit über Expertenwissen und Stellenbeschreibungen hinweg. Sie sind auch offen gegenüber der Zusammenarbeit mit den Stakeholdern und dem weiteren Umfeld. Sie teilen offen Feedback und lernen voneinander.

Sie sind offen für Veränderung, da sich die Welt und die Organisationen, in denen sie arbeiten, ständig verändern: unvorhersehbar, unerwartet und kontinuierlich.

2.7.4 Respekt (engl. *respect*)

Das gesamte Scrum Ökosystem zeigt Respekt für Menschen, ihre Erfahrungen und ihren persönlichen Hintergrund. Die Mitspieler respektieren Diversität. Sie respektieren unterschiedliche Meinungen. Sie respektieren die Kenntnisse, das Wissen und die Ansichten ihrer Kollegen.

Sie respektieren ihr Umfeld und verhalten sich nicht, als wären sie nur für sich allein auf einer isolierten, abgeschiedenen Insel. Sie respektieren die Tatsache, dass Kunden ihre Meinung ändern. Sie zeigen Respekt für ihre Geldgeber, indem sie keine Funktionen einbauen, die nicht verwendet werden, aber die Kosten der Software in die Höhe treiben. Sie zeigen Respekt, indem sie kein Geld für wertlose oder nicht gewünschte Dinge verschwenden, die sowieso nie umgesetzt oder genutzt worden wären. Sie zeigen Respekt für Anwender, indem sie deren Probleme lösen.

Alle Mitspieler respektieren das Scrum Framework und die Verantwortlichkeiten der Scrum Rollen.

2.7.5 Mut (engl. *courage*)

Die Mitspieler beweisen Mut, indem sie nichts entwickeln, das niemand braucht. Sie gestehen sich ein, dass Anforderungen niemals perfekt sind und kein Plan die Wirklichkeit und ihre Komplexität wirklich abbilden kann.

Sie zeigen den Mut, Veränderung als Quelle der Inspiration und Innovation zu betrachten. Den Mut, keine unfertige Software abzuliefern. Den Mut, alle vorhandenen Informationen, die dem Team und der Organisation helfen könnten, zu teilen. Den Mut, zuzugeben, dass niemand perfekt ist. Den Mut, die Richtung zu ändern und Risiken sowie Chancen mit anderen zu teilen. Den Mut, die vermeintlichen Sicherheiten der Vergangenheit hinter sich zu lassen.

Die Mitspieler zeigen Mut, indem sie für Scrum und eine empirische Vorgehensweise werben, um mit Komplexität umzugehen.

Sie unterstützen mutig die Scrum Werte. Sie haben den Mut, eine Entscheidung zu treffen und diese voranzutreiben anstatt sie zu zerreden, und sogar noch mehr Mut, diese Entscheidung bei Bedarf zu ändern.

3 Techniken vs. Regeln

Scrum gibt es seit mehr als 20 Jahren. In dieser Zeit wurde das Framework schrittweise über kleine funktionale Verbesserungen aktualisiert. Die grundlegenden Bestandteile sind aber immer noch dieselben, genauso wie die Prinzipien und Regeln, die sie zusammenhalten. Während das Framework immer ausgereifter wird, werden die Vorschriften immer „schlanker", wie die Entwicklung des Scrum Guide (Schwaber & Sutherland, 2016) zeigt.

Der Fokus des Frameworks entwickelt sich weiter dahin, zu beschreiben „was" die Regeln sind und „warum" es sie gibt. Dafür wird nicht definiert, „wie" sie im Detail angewendet werden müssen.

Das vorhergehende Kapitel beschreibt die Spielregeln des Scrum Spiels. Diese lassen jedoch Raum für unterschiedliche *Techniken*, die jederzeit an den jeweiligen Kontext und die Umstände angepasst werden können. Dabei verhält es sich wie in jedem Spiel oder Sport: Jedes Team spielt nach denselben Regeln, aber manche Teams sind erfolgreicher als andere. Erfolg hängt von vielen Faktoren ab, und nicht alle sind durch das Team kontrollierbar, aber der Erfolg wird sicherlich von der gewählten Spieltaktik beeinflusst.

Das entspricht der Auswahl einiger *Good Practices* und ihrer Transformation zu *Best Practices* durch ihre Anwendung in einem und Anpassung an einen konkreten Kontext. Scrum kann als „Prozess" bezeichnet werden, aber es ist ein *dienender* Prozess, kein *autoritärer*. Scrum schreibt nicht vor, welche Praktiken man anwenden soll und welche nicht. Scrum hilft dabei, herauszufinden was funktioniert, überlässt es aber den Spielern, dies dann weiter umzusetzen oder es zu verändern.

Es gibt viele Techniken, die in Scrum verwendet werden können. Gute Techniken helfen dem Zweck von Scrum, sie verstärken die Scrum Werte, anstatt sie zu untergraben.

Wir werfen jetzt einen genaueren Blick auf einige Beispiele, um den Unterschied zwischen Techniken und Regeln zu verdeutlichen:

■ 3.1 FORTSCHRITT VISUALISIEREN

Ein gutes Beispiel für die Verschlankung des Scrum Frameworks während seiner Evolution ist die Abschaffung des Burndown Charts als Pflichtbestandteil.

Wenn man sich die Regeln von Scrum und die Notwendigkeit von Transparenz – die für den Prozess von Überprüfung und Anpassung sowie die Selbstorganisation zwingend notwendig ist – vor Augen führt, wird klar, warum es so wichtig ist, den Fortschritt zu visualisieren: ohne ist es schwierig, sich selbst zu korrigieren.

Die früher bestehende Verpflichtung, Burndown Charts (das „Wie") dafür zu verwenden, gilt jedoch nicht mehr. Die Form oder das Format der Visualisierung ist nicht mehr vorgeschrieben. Sie wurde durch die explizite Anforderung ersetzt, dass der Fortschritt der Scrum Artefakte Product Backlog und Sprint Backlog visualisiert wird (das „Was").

Burndown Charts sind immer noch eine großartige Möglichkeit für diese Visualisierung und in vielen Situationen sinnvoll. Trotzdem wurden sie in eine nicht verpflichtende *Good Practice* umgewandelt.

Ja, es handelt sich um Scrum, wenn die Backlogs vorhanden sind und es eine zugängliche und klare Visualisierung ihres Fortschritts gibt. Aber es gibt mehrere gute Alternativen für diese Visualisierung. Das kann ein Burndown Chart mit Restaufwänden sein. Oder ein kumulatives Flussdiagramm. Es kann sogar ein einfaches Scrum Board sein. Für den Fortschritt des Product Backlogs kann es sogar ein Burnup Chart, basierend auf (Geschäfts-)Wert, sein.

■ 3.2 DIE FRAGEN IM DAILY SCRUM

Scrum empfiehlt, dass im Daily Scrum jeder Spieler im Entwicklungsteam drei Fragen zum Fortschritt des Teams in Bezug auf das Sprint-Ziel beantwortet (Erledigt? Geplant? Impediments?).

Auch wenn die Mitspieler die Fragen beantworten, könnten sie daraus einen individuellen Statusbericht machen. Sie verwenden dann die Wände oder das Scrum Board lediglich zu Darstellungszwecken. Sie konzentrieren sich vielleicht nur darauf, die drei Fragen zu beantworten, weil das im Scrum Guide so beschrieben ist. Die Regeln werden formal befolgt, ohne das „Warum" zu verstehen.

Sieht das Team Scrum nur als Methodologie an? Oder verwendet das Team Scrum als Framework für Erkenntnisgewinn und Zusammenarbeit? Die formale Beantwortung der drei Fragen ist nicht hilfreich, wenn das Team nicht wirklich miteinander spricht. Sie ist nicht hilfreich, wenn sie nicht Informationen miteinander austauschen, um ihren gemeinsamen Arbeitsplan für die nächsten 24 Stunden in Bezug auf das Sprint-Ziel zu optimieren. Vielleicht ist das Meeting für sie nur ein verpflichtender Statusbericht, ein Überbleibsel aus dem industriellen Paradigma. Vielleicht fühlen sie sich unter Druck gesetzt, über alle Aufgaben Rechenschaft abzulegen, um sich selbst gegen mögliche Schuldzuweisung abzusichern.

Dadurch vergeben sie allerdings die Chance, Einblick in die konkrete Situation zu erhalten, sie zu überprüfen und anzupassen.

Das Ziel des Daily Scrums ist es, Informationen zu teilen und die gemeinsame Arbeit des Entwicklungsteams so zu planen, dass es optimal auf das Sprint-Ziel hinarbeiten kann. Das sollte der Hintergrund sein, vor dem die drei Fragen beantwortet werden, nicht, um im Rahmen einer *Best Practice* stur drei Fragen zu beantworten.

Ein Daily Scrum muss nicht unbedingt ein Daily Stand-up sein.

Das Daily Stand-up ist eine Methode aus dem eXtreme Programming (Beck, 2000), die denselben Zweck wie das Daily Scrum erfüllt. Im eXtreme Programming ist jedoch vorgeschrieben, dass die Teilnehmer es im Stehen durchführen müssen.

Scrum verpflichtet niemanden zum Aufstehen. Es ist jedoch eine gute Technik, um die zeitliche Beschränkung auf 15 Minuten einzuhalten.

■ 3.3 PRODUCT BACKLOG VERFEINERUNG

Die Verfeinerung (engl. *refinement*) des Product Backlogs ist eine fortlaufende Tätigkeit im Sprint, in der das Entwicklungsteam und der Product Owner in Vorbereitung auf die kommenden Sprints das Product Backlog überprüfen. Da die Zeit der Umsetzung näher kommt, steigt die Wahrscheinlichkeit, dass die Product Backlog-Einträge auch tatsächlich umgesetzt werden.

Wenn die Umsetzung naht, möchten Teams Abhängigkeiten aufdecken, ein besseres Verständnis für die Erwartungen an die Aufgaben erhalten, gemeinsam über den Entwicklungsansatz entscheiden oder dem Product Owner dabei helfen, den Einfluss auf die Entwicklung aus funktionaler Sicht zu verstehen. Das gemeinsame Verfeinern des Product Backlogs und das daraus resultierende zusätzliche Wissen aus der Diskussion erhöhen die Wahrscheinlichkeit, dass die Arbeit tatsächlich, oder leichter, beim Sprint Planning in den Sprint gezogen wird.

Die Verfeinerung des Product Backlogs ist kein offizielles und zeitlich beschränktes Ereignis. Scrum hat den Anspruch, einfach und effektiv zu sein. Scrum will Menschen und Teams dabei helfen, zusätzliche Techniken zu entdecken, die in ihrer speziellen Situation hilfreich sein können – oder auch nicht. Das Verfeinern ist eine Aktivität, die viele Teams ausführen, um mehr Ruhe in ihre Sprints zu bringen und die Unruhe in den ersten Tagen eines Sprints zu reduzieren. Ein typisches Merkmal der Product Backlog Verfeinerung ist die Erstellung oder Aktualisierung der Aufwands- oder Kostenschätzungen. Andere Teams sind vielleicht schon weiter auf ihrem agilen Weg und benötigen weniger Präzision im Sprint Planning oder brauchen in ihrer Beziehung zum Product Owner weniger Genauigkeit. Sie kommen vielleicht mit einer weniger formellen Verfeinerung aus, haben dafür kein explizit geplantes Meeting, oder benötigen vielleicht überhaupt keine Verfeinerung mehr. Sie würden es vielleicht als optional oder sogar überflüssig empfinden, wenn es als verpflichtendes Ereignis im Scrum Framework enthalten wäre.

Die Product Backlog Verfeinerung ist eine sinnvolle Aktivität im Sprint und eine gute Technik, um das Product Backlog gemeinschaftlich zu pflegen. Einige Teams brauchen es aber nicht.

3.4 USER STORIES

Im eXtreme Programming (Beck, 2000) werden Anforderungen in Form von "User Stories" aufgenommen. User Stories werden auf Karteikarten geschrieben und beschreiben funktionale Erwartungen aus der Sicht eines Benutzers. Bill Wake, ein Pionier im eXtreme Programming, hat das Akronym „INVEST" als einfache Möglichkeit zur Bewertung von User Stories vorgeschlagen: Independent (unabhängig), Negotiable (verhandelbar), Valuable (wertvoll), Sized appropriately (nicht zu groß), Testable (testbar). (Details dazu unter http://xp123.com/articles/invest-in-good-stories-and-smart-tasks/)

User Stories beschreiben üblicherweise ein Feature, die „Story" aus der Sicht des „Users". Der Vorteil an dieser Perspektive für die System- oder Anforderungsbeschreibung ist, dass sie den Fokus auf den Wert für die Arbeit des Anwenders legt.

Karteikarten können einfach auf dem *Planning Board* bewegt, hinzugefügt oder entfernt werden und dienen damit als *Information Radiator*.
Ein anderer Vorteil an Karten aus Papier ist der begrenzte Platz für Beschreibungen und Details der Story. Das stellt sicher, dass sie nicht zu ausführlich beschrieben werden kann und dadurch jede Story in direkter Konversation weiter diskutiert wird. Je näher die Umsetzung einer User Story kommt, desto größer ist die Chance, dass sie auch wirklich implementiert wird. Damit müssen auch weitere Details besprochen und erarbeitet werden. Zusätzliche Informationen können dann zur Karte hinzugefügt werden, manche davon werden als Akzeptanzkriterien notiert – üblicherweise auf der Rückseite der Karteikarte.

Ein Product Backlog dient in Scrum der Transparenz in Bezug auf die *gesamte* Arbeit, die ein Scrum Team erledigen muss. Dies enthält mehr als nur funktionale Anforderungen. Obwohl das User Story Format für andere Arten von Anforderungen verwendet werden kann, passt das oft nicht richtig. Meist wird dann zu stark auf die Syntax der Anforderungen geachtet und nicht mehr genügend auf die Information, die transportiert werden soll.

Scrum verpflichtet niemanden dazu, das User Story Format für Product Backlog-Einträge zu verwenden. Eine solche Pflicht würde das Risiko erhöhen, andere wichtige Arbeit zu übersehen, die erledigt werden muss. Sie könnte Teams auch dazu zwingen, mehr Zeit und Energie für die Verwendung des „richtigen" Formats aufzuwenden, was Zeitverschwendung wäre. Für funktionale Einträge im Product Backlog können User Stories jedoch eine sehr gute Technik sein.

■ 3.5 PLANNING POKER

Planning Poker ist eine Schätztechnik, die von James Grenning während eines eXtreme Programming Projekts erfunden wurde, da er es leid war, zu viel Zeit in die Aufwandsschätzung zu investieren.

Während des Planning Poker Spiels diskutiert das Team eine Anforderung. Danach entscheidet sich jedes Teammitglied für einen Schätzwert, den es dieser Anforderung zuordnet, und wählt die entsprechende Zahlenkarte aus einem Satz an nummerierten Spielkarten aus. Die Karten bilden üblicherweise eine Folge exponentiell wachsender Zahlenreihen ab, wie die Fibonacci-Folge (1, 2, 3, 5, 8, 13, 21, 34, ...). Alle Mitspieler behalten ihre Wahl für sich, bis sich jeder für einen Wert entschieden hat. Dann legen alle ihren Schätzwert zur selben Zeit offen, um danach vorhandene Unterschiede in der Schätzung zu diskutieren. Dieser Vorgang wird wiederholt, bis ein gemeinsames Verständnis über die Anforderung und seinen Schätzwert erreicht wird. Schätzungen sind in der Regel relativ zueinander und werden in einer abstrakten Einheit wie Story Points – oder in frühen eXtreme Programming Projekten auch anhand von Gummibärchen – ausgedrückt.

Für Schätzungen der Product Backlog-Einträge in Scrum ist allein das Entwicklungsteam zuständig. Um Transparenz und Zusammenarbeit zu fördern ist es nötig, ehrliche und unverfälschte Schätzungen des gesamten Entwicklungsteams zu erhalten.

Planning Poker ist zwar nicht verpflichtend vorgeschrieben, aber es ist eine gute Technik um die oben genannten Prinzipien zu unterstützen. Es darf jedoch nicht vergessen werden, dass es schlussendlich um eine ehrliche Diskussion über die Schätzung geht, um ein gutes Verständnis für die nötige Arbeit des diskutierten Eintrags zu erhalten.

■ 3.6 SPRINTLÄNGE

Scrum begrenzt nur die Maximallänge eines Sprints auf vier Wochen (oder 30 Tage bzw. einen Kalendermonat). Diese Maximallänge stellt sicher, dass niemand daran gehindert wird, funktionierende Software mindestens alle 30 Tage zu überprüfen und anzupassen, sowie die weitere Planung zu aktualisieren. Es sorgt auch dafür, dass das Team nicht zu lange abgeschottet arbeitet und damit evtl. den Kontakt zur sich ändernden Außenwelt verliert.

Die Sprintlänge erzeugt eine Balance zwischen Fokus und opportunistischer Anpassungsfähigkeit. Dieses Gleichgewicht sollte geschäftlichen Belangen dienen.

In einer empirischen Vorgehensweise wie Scrum werden einem System Kontrollziele übergeben und über einen geschlossenen Regelkreis regelmäßig überprüft, um Materialien, Aufgaben und Prozesse anzupassen. Fähige Prüfer, deren Rollen in Scrum vorgesehen sind, führen die Überprüfungen in einem geeigneten Rhythmus durch. Dadurch werden der Fokus und die für die Herstellung werthaltiger Ergebnisse benötigte Zeit gegen das Risiko zu großer Abweichung der Resultate abgewogen.

Zusätzlich zur Transparenz ist die Frequenz ein wichtiger Faktor empirischen Vorgehens. Die Scrum Ereignisse legen die Frequenz von Überprüfungen und Anpassungen in Scrum fest, wobei der Sprint ein äußerer Regelkreis ist und als Container für die anderen Ereignisse dient.

Die Tendenz geht hin zu kürzeren Sprints. Es gibt zwar keine Vorgabe von Scrum, einwöchige Sprints scheinen jedoch das akzeptable Minimum zu sein.

Das kann man veranschaulichen, wenn man sich ein Team mit einer Sprintlänge von einem Tag vorstellt. Alle Scrum Ereignisse mit ihren Möglichkeiten zu Überprüfung und Anpassung müssen am selben Tag stattfinden und werden in hoher Frequenz durchgeführt. Dabei besteht die Gefahr, dass das Scrum Team sich nur noch auf die tägliche Arbeit und seinen Fortschritt konzentriert. Sie werden sich keine Zeit mehr zur Verbesserung des Gesamtprozesses nehmen, keine Wege zur Verbesserung ihrer Qualität suchen oder sich einem übergreifenden Ziel verbunden fühlen. Sie werden lediglich versuchen, jeden Tag einen weiteren Teil des Produkts auszuliefern.

Die Sprintlänge legt daneben auch fest, in welchem Abstand der Product Owner und das Entwicklungsteam mit ihren Stakeholdern über eine lauffähige Version des Produkts sprechen. Dadurch werden wichtige Informationen sichtbar, die dem Product Owner bei der Entscheidung bezüglich der Auslieferung eines Produkt-Inkrements helfen. Im Fall eines eintägigen Sprints ist es wesentlich schwieriger, die erforderliche Stakeholder-Beteiligung zu realisieren oder gar auf Änderungen in der Organisation, im Markt oder der Strategie reagieren zu können.

Die Sprintlänge sollte das Risiko von zu langen Sprints und daraus folgenden verpassten Geschäftschancen berücksichtigen. Wenn das Geschäftsmodell so unbeständig ist, dass Chancen durch Sprints mit einer Länge von mehr als einem Tag verpasst werden könnten, dann ist es natürlich möglich, in eintägigen Sprints mit täglichen Releases zu arbeiten. Es muss aber darauf geachtet werden, dass Möglichkeiten zur Überprüfung in dieser hohen Frequenz nicht zu einem Ausbrennen führen und die Arbeit dauerhaft und nachhaltig in dieser Frequenz organisiert werden kann.

Die Sprintlänge ist eine Technik im Scrum Spiel. Sie wird überprüft und entsprechend angepasst, wobei Stabilität, ein regelmäßiger Herzschlag und ein *Sustainable Pace* wichtig sind.

■ 3.7 SCRUM SKALIEREN

Wir haben die grundlegenden Regeln für das Scrum Spiel beschrieben. Diese Regeln bleiben konsistent und sind unabhängig von der Größenordnung, in der Scrum eingesetzt wird.

Scrum fördert Einfachheit. Scrum fördert klare Verantwortlichkeiten und Zusammenarbeit, um mit Unvorhersehbarkeit umzugehen und komplexe Probleme zu lösen.

Einfachheit, Verantwortlichkeit auf allen Ebenen und Zusammenarbeit waren oft kein Kernbestandteil der Unternehmen, die ihre Organisation und ihre Arbeit vergrößern. Die größte Herausforderung bei der Skalierung von Scrum ist nicht, es in die bestehenden Strukturen einzubinden, sondern diese Strukturen zu überarbeiten. Dazu müssen das Verständnis, die Umsetzung und das Wachstum von Scrum *bottom-up*, d. h. von unten nach oben, entwickelt werden, während die Grundregeln des Spiels bestehen bleiben und respektiert werden.

Es gibt ein paar Techniken, mit denen Scrum – abhängig vom konkreten Kontext - in größerem Maßstab gespielt werden kann.

3.7.1 Serielles Scrum

Die einfachste Form einer Produktentwicklung mit Scrum umfasst ein Product Backlog mit allen Desirements des Produkts sowie ein Scrum Team, das in zeitlich beschränkten Sprints das Product Backlog umsetzt (Abbildung 3.1).

Das Entwicklungsteam verfügt über alle Kenntnisse und Fähigkeiten, um ein oder mehrere Product Backlog-Einträge pro Sprint, geleitet durch die Definition of Done, in ein auslieferbares Produkt-Inkrement umzusetzen. Das Entwicklungsteam organisiert seine Arbeit selbständig im Sprint Backlog und gewährleistet täglich mit dem Daily Scrum die Überprüfung der Entwicklungsrichtung sowie die Abstimmung im Team. Der Product Owner liefert rechtzeitig die Klärung funktionaler und geschäftlicher Fragen. Der Scrum Master coacht und unterstützt das Team und die Organisation und dient ihnen.

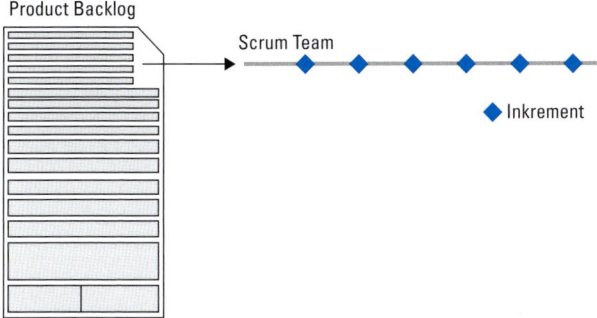

Abbildung 3.1 Serielle Scrum Implementierung

Die größte Herausforderung besteht darin, alle Entwicklungsfähigkeiten in einem Team zu vereinen. Aber sobald das erreicht ist, liefert das Sprint Review volle Transparenz und damit eine wichtige Voraussetzung für eine erfolgreiche Umsetzung des empirischen Ansatzes von Scrum. Das Scrum Team nutzt die Sprint Retrospektive, um sich selbst zu verbessern.

3.7.2 Mehrere Scrum Teams

Für umfangreichere Produkte oder schnellere Ergebnisse kann es nötig sein, ein Produkt mit mehreren Scrum Teams zu erstellen und auszuliefern (Abbildung 3.2).

Mehrere Scrum Teams, die ein Produkt erstellen, arbeiten mit demselben Product Backlog. Jedes Scrum Team besteht aus einem Product Owner, einem Entwicklungsteam und einem Scrum Master, wobei es für ein Produkt nur einen Product Owner gibt. Jedes Scrum Team wählt Product Backlog-Einträge für eine Prognose aus und plant davon ausgehend ein Sprint Backlog. Jedes Entwicklungsteam überprüft sich selbst im Daily Scrum.

Eine transparente Überprüfung im Sprint Review ist nach wie vor nötig. Durch diese Transparenz kann der Product Owner entscheiden, ob ein Inkrement des Produkts an die Anwender ausgeliefert wird. Das Inkrement darf immer noch keine nicht erledigte oder versteckte Arbeit enthalten und sollte aus technischer Sicht auslieferbar sein. Die verschiedenen Scrum Teams erstellen jedoch gemeinsam dasselbe Produkt. Deshalb erzeugt nur die Überprüfung des *integrierten* Inkrements für den Product Owner und die Stakeholder vollständige Transparenz.

Die verschiedenen Scrum Teams organisieren sich innerhalb der Scrum Regeln und Prinzipien selbst. Bei mehreren Scrum Teams, die am selben Produkt arbeiten, organisieren sich die Teams selbst in der Erwartung, jeden Sprint ein integriertes Inkrement zu erstellen.

Zusätzlich zum Daily Scrum innerhalb der Teams ist regelmäßige Kommunikation zwischen den verschiedenen Scrum Teams nötig, um die individuellen Arbeitspläne des Sprints mit den Zielen des integrierten Inkrements abzugleichen. Die Scrum Teams skalieren das Prinzip des Daily Scrums teamübergreifend und halten sog. *Scrum-of-Scrums* ab.

Die am besten geeigneten Repräsentanten der Entwicklungsteams treffen sich dabei regelmäßig, um Informationen zur Entwicklung auszutauschen, damit jedes Scrum Team optimal sein Sprint Backlog anpassen und umplanen kann. Dadurch optimieren die Scrum Teams ihren gemeinsamen Fortschritt und stellen zum Ende eines jeden Sprints ein integriertes

Produkt-Inkrement sicher. Dieses Inkrement kann ausgeliefert werden, sobald der Product Owner es auf seinen Nutzen geprüft hat.

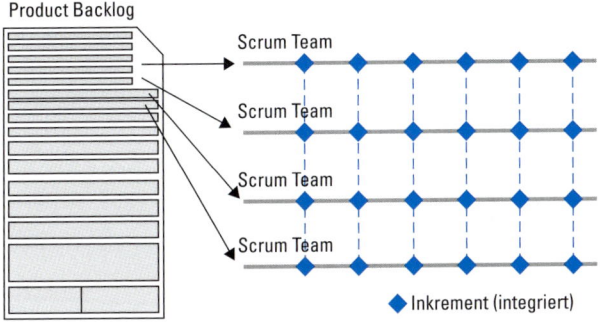

Abbildung 3.2 Mehrere Scrum Teams

Die verschiedenen Scrum Teams halten sich bei ihrer Arbeit an dieselben Qualitätskriterien für das Produkt, die in der Definition of Done beschrieben sind. Die Scrum Teams werden im Normalfall mit derselben Sprintlänge arbeiten, um die Planung und Integration zu vereinfachen. In den Sprint Backlogs werden wahrscheinlich zusätzliche Aufgaben für die Integration des Produkt-Inkrements geplant.

3.7.3 Mehrere Produkte

Auf der Portfolio- oder Programm-Ebene müssen möglicherweise die Planung und Umsetzung mehrerer Produkte abgestimmt und synchronisiert werden. Jedes Produkt hat dabei ein Product Backlog mit einem oder mehreren Scrum Teams für seine Entwicklung und Pflege (Abbildung 3.3).

Aus der Sicht von Scrum liegt die Verantwortlichkeit für Abstimmung und Synchronisation der Product Backlogs klar bei den Product Ownern. Product Backlogs werden dann auch anhand der Vorgaben des Portfolios sortiert. Die Product Owner, unterstützt durch die Organisation, verwalten ihre Product Backlogs inkrementell anhand gemeinsamer Informationen und geteilten Fortschritts.

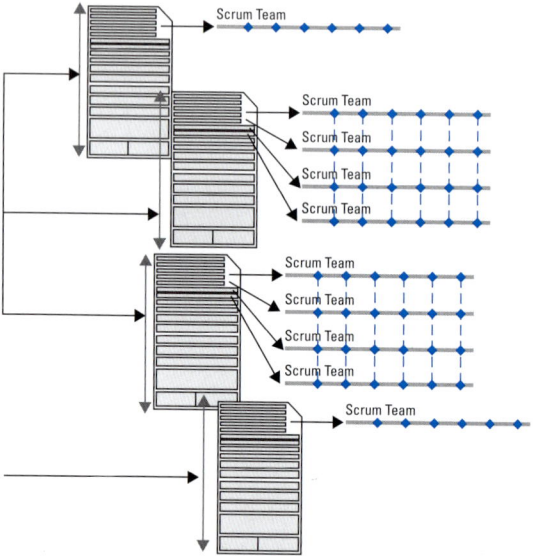

Abbildung 3.3 Scrum für mehrere Produkte

Es gibt noch viele weitere Probleme und Szenarien bei der Skalierung von Scrum. Es gibt nicht die eine richtige Lösung. Scrum fördert eine „Bottom-up"-Denkweise und eine „Top-down"-Unterstützung bei der Suche nach der besten Lösung für den Einzelnen, die Organisation und die Umgebung (Schwaber & Sutherland, 2012).

4 Die Zukunft von Scrum

■ 4.1 JA, WIR MACHEN SCRUM. UND ...

Scrum wurde in den 1990er Jahren durch die Arbeiten und Erkenntnisse von Ken Schwaber und Jeff Sutherland entwickelt. Sie haben die damals als üblich geltenden Vorgehensweisen in der Softwareentwicklung, ihre eigenen Erfahrungen, erfolgreiche Techniken der Produktentwicklung (Takeuchi & Nonaka, 1986) sowie die Prozesskontrolltheorie kritisch analysiert. Die Summe ihrer Erkenntnisse ist Scrum (Schwaber, 1995). In den Jahren seit der Veröffentlichung des „Manifest für Agile Softwareentwicklung" im Jahr 2001 wurde Scrum weltweit zum meist verwendeten Framework für agile Softwareentwicklung.

Trotzdem ist Scrum ein leichtgewichtiger und einfacher Weg für die Softwareentwicklung nach agilen Prinzipien und Ideen geblieben. Meiner Meinung nach ist die geringe Anzahl an Vorgaben in Scrum die Grundlage seines Erfolgs. Scrum als organisatorisches Framework kann bestehende Vorgehensweisen der Produktentwicklung einschließen oder manche davon überflüssig machen. Scrum wird wahrscheinlich den Bedarf für neue Vorgehensweisen zum Vorschein bringen. Die Vorteile von Scrum werden durch den gleichzeitigen Einsatz verbesserter oder überarbeiteter Praktiken in den Bereichen Engineering, Produktmanagement sowie der Entwicklung von Menschen und Organisationen größer. Aber der Kern ist stabil.

Während der ersten zwanzig Jahre seines Daseins haben Organisationen Scrum vorrangig verwendet, um Vorhersagbarkeit in die IT und in technologische Aspekte der Softwareentwicklung zu bringen. Das Scrum Framework ist für viele Menschen in der IT weltweit zu einer bewährten Lösung geworden. Agile Methoden sind heute weiter verbreitet als das Wasserfall-Modell. Scrum ist als „Gorilla" unter den agilen Methoden beherrschend. Und trotzdem gibt es noch Möglichkeiten der Verbesserung. Agile muss über die IT hinaus getragen werden.

Den Status quo in Form des industriellen Paradigmas in Frage zu stellen hat unser kontinuierliches Lernen im Umgang mit vielen *technologischen* Unwägbarkeiten in der Informations- und Kommunikationstechnologie verbessert. In vielen Organisationen wird die Softwareentwicklung wieder als kreative und komplexe Tätigkeit verstanden. Aber der Fokus liegt darauf, „wie" Software gebaut wird. Es wird Zeit, die erreichten Ergebnisse zu vervollkommnen und die Anwendung von Scrum auf die nächste Stufe zu bringen.

Scrum kann auf viele verschiedene Arten gespielt und ergänzt werden, die Ergebnisse sowie Leistungsfähigkeit von Scrum werden von vielen Faktoren beeinflusst. Die Zusammenarbeit von Teams am selben Ort (engl. *co-location*) beeinflusst sie. Die Energie, Hingabe und Freude der Mitspieler beeinflussen sie. Der Grad der Selbstorganisation beeinflusst sie. Die Frage, ob Menschen per Multitasking mehrere Dinge gleichzeitig tun müssen, beeinflusst sie. Die Verfügbarkeit von Automatisierung, Werkzeugen, Plattformen und Vorgehensweisen für Softwareentwicklung und -test beeinflusst sie.

Ein wesentlicher Aspekt ist ein interdisziplinäres Denken, das über die Grenzen der IT-Abteilung hinausgeht und das ganze Unternehmen einschließt. Man darf nicht vergessen, dass die agile Softwareentwicklung von geschäftlichen Möglichkeiten und Chancen getrieben wird. Es ist nötig, Scrum nicht mehr nur für die Verbesserung des „wie" in der

Softwareentwicklung einzusetzen, sondern den Fokus mehr darauf zu richten, „was" gebaut werden soll. Dieser Perspektivenwechsel wird es Organisationen ermöglichen, ein schlankeres und gleichzeitig besseres Produkt zu entwickeln, anstatt nur den Prozess der Softwareentwicklung zu optimieren (s. Abschnitt 4.2).

Scrum kann mit einer Vielzahl von Techniken und Vorgehensweisen gespielt und erweitert werden. Dabei geht es aber um mehr als Prozess und Praktiken, es geht um eine Abkehr vom alten, industriellen Denken hin zu agilem Denken, zu agiler Kultur und zu agilem Verhalten. Die weit verbreitete *"Bottom-up"*-Begeisterung bei der Umsetzung von Scrum wird für eine solch tiefgreifende Transformation nicht ausreichen. Um einen bleibenden Effekt zu erzielen, muss diese Begeisterung durch die Akzeptanz agiler Prinzipien über alle Hierarchieebenen hinweg unterstützt und verstärkt werden (s. Abschnitt 4.3).

■ 4.2 EIN PRODUKT STECKT VOLLER MÖGLICHKEITEN

Die Entwicklung von Softwareprodukten kann enorm verbessert werden, wenn wir uns intensiver damit befassen, *was* für eine Software hergestellt werden soll, mit welchen Anforderungen, Features und Funktionen.

Unter schwierigen Unternehmens-, Geschäfts- oder Marktbedingungen ist die Sicherheit und Stabilität der Anforderungen an eine Software gering. Eine verbesserte und aktive Zusammenarbeit mit Fachspezialisten und Produktmanagern ist der natürliche nächste Schritt zu einer Verbesserung der Entwicklung von Softwareprodukten. Es ist unmöglich, vollständiges Verständnis und Einigkeit in Bezug auf Features und Anforderungen zu erlangen, und nur die Menschen, die verantwortlich für den Geschäftswert sind, können bei der Überwindung dieser Hürde helfen. Mehr denn je brauchen die Produktverantwortlichen die Flexibilität, um unvorhergesehene Möglichkeiten zu nutzen und das bestmögliche Produkt zur richtigen Zeit zu bauen.

Mit dem Scrum Framework ist es nicht mehr nötig, das Unvorhersagbare vorherzusagen, da die Antworten, Lösungen und unterschiedlichen Ideen während der Umsetzung entwickelt werden. Scrum macht die Frage überflüssig, ob Probleme vorab bedacht wurden. Anforderungen als Voraussetzung für die Softwareentwicklung müssen nicht mehr final und vollständig sein. Scrum hilft dabei, die Tatsache zu akzeptieren, dass die endgültige Entscheidung über das „Was" des Softwareprodukts erst während der Umsetzung erfolgt. Scrum hilft dabei, getroffene Annahmen regelmäßig mit der tatsächlichen Verwendung der Software durch die Anwender zu vergleichen. Scrum öffnet die Tür für regelmäßige funktionale Releases und fördert diese als besten Weg, um Fortschritte zu machen. Dadurch wird Feedback der Kunden eingeholt und nicht nur Annahmen von Kundenvertretern in Form eines offenen Regelkreises gesammelt. Echtes Nutzerfeedback kann sehr einfach als weitere Anforderungen aufgenommen werden, wenn eine enge Verbindung zum Markt besteht.

Der Product Owner ist in Scrum der Einzige, der dem Entwicklungsteam sagt, was es (als nächstes) entwickeln soll. Er konsolidiert die Arbeit des Entwicklungsteams zu einem nächsten Release oder einer Version des Produkts für den Markt. Das Mandat des Product Owners beeinflusst den Grad an Verbesserung und Agilität, den eine Organisation mit Scrum erreichen wird. Zusätzlich dazu benötigt ein Product Owner in Scrum eine enge Verbindung zu allen beteiligten Bereichen des Produktmanagements: Marketing, Kommunikation, Recht, Forschung, Finanzen usw.

Genauso wichtig ist es, die abteilungsübergreifende Zusammenarbeit über organisatorische Grenzen hinweg im Produktmanagement zu fördern. Die Fähigkeit, diese Teile der Organisation anzupassen dient als Hebel bei der Verwendung von Scrum zur Erreichung von *Unternehmensagilität* (engl. *enterprise agility*). In einer globalisierten Welt voller interner und externer Unwägbarkeiten ist eine empirische Denkweise und Anpassungsfähigkeit vorteilhaft für komplette Organisationen.

Scrum einzusetzen bedeutet nicht, alte Vorgehensweisen aus dem industriellen Paradigma einfach umzubenennen oder nur geringfügig anzupassen. Produktverantwortliche sollen nicht eine Liste von User Stories als Ersatz für die alten Anforderungsdokumente übergeben. Es reicht auch nicht aus, Business Analysten als Vertreter für die Produktverantwortlichen einzusetzen, sofern sie keinen klaren Auftrag, den Rückhalt der Stakeholder oder Budgetverantwortung besitzen sowie für die Anwender zuständig sind.

Scrum Sprints sind der Kern der gesamten Agilität im Unternehmen und erzeugen einen konstanten Strom von Verbesserungen, Lerneffekten und verschiedenen anderen wertschöpfenden Elementen. Am Ende werden ein Unternehmen und seine Märkte zu einem sich selbst ausgleichenden Kontinuum, dessen Mitspieler über Grenzen, Bereiche, Fähigkeiten und Funktionen hinweg arbeiten. Organisationen werden mit einem ganzheitlichen Blick und auf dem schnellsten Weg neue Möglichkeiten entdecken, mit ihnen experimentieren und diese dann auch liefern.

■ 4.3 SCRUM AUF ALLEN EBENEN

Bei der Einführung von Scrum sind weite Teile der Organisation betroffen. Probleme, die über das Scrum Team hinausgehen, werden auftauchen und müssen gelöst werden, um die Vorteile von Scrum zu nutzen, die Scrum Teams besser zu unterstützen und dabei die Produktentwicklung zu verbessern. Chancen und Verbesserungen für die Organisation können mit Hilfe von Scrum entdeckt werden.

Organisationen, die Scrum auf ihrem Pfad zur Agilität nutzen wollen, sollten sich bewusst sein, dass dazu mehr nötig ist, als Scrum nur um seiner selbst willen einzuführen. Scrum kann ein *Werkzeug* sein, um Unternehmensagilität zu erreichen. Scrum ist aber nicht einfach nur ein neuer IT-Prozess, sondern ein Framework mit Regeln, Rollen und Ereignissen, mit denen Organisationen aus dem Unvorhersehbaren Nutzen ziehen können. Scrum ermöglicht eine schnelle Anpassung, um dem Markt und den Wettbewerbern (wieder) zu folgen.

Die überwiegende Mehrheit der Organisationen verhält sich leider, als würde sie noch im Land *Mediokristan* leben. Die Merkmale einer solchen Gesellschaft, die Nassim Nicholas Taleb in seinem außergewöhnlichen Buch „Der Schwarze Schwan" (Taleb, 2007) beschreibt, sind ein direkter Zusammenhang zwischen Erfolg und dem Aufwand für nicht skalierbare und sich wiederholende Tätigkeiten. Taleb beschreibt, wie Mediokristan zu einer Illusion der Vergangenheit geworden ist und durch *Extremistan* ersetzt wurde. Dort hängt der Erfolg von der „Produktion" von Ideen und dem Ausnutzen von unerwarteten und unwahrscheinlichen Einzelfällen ab. Scrum ist in der Lage, die Einwohner von Mediokristan nach Extremistan zu teleportieren, damit sie zumindest ein Spieler in Extremistan werden können, vielleicht sogar ein Anführer, ein Riese. Scrum kann zum Motor für so schnelle Anpassung im Unternehmen werden, dass seine Mitbewerber sich plötzlich an die Veränderungen anpassen müssen, die es verursacht. Es wird möglich, das Spiel anzuführen, den Rest der Mitspieler zu überragen und zum Riesen zu werden.

Dazu müssen wir jedoch akzeptieren, dass wir in einem Marktumfeld in Extremistan leben. Wir müssen akzeptieren, dass sich unsere Organisationen verändern müssen, um nicht zu verschwinden. Die grundlegenden Prinzipien, auf denen sie ursprünglich gegründet wurden, sind nicht mehr dieselben. *Unser Eisberg schmilzt* ist die Metapher, die Holger Rathgeber und der renommierte Experte für Wandel in Unternehmen John P. Kotter in ihrer Fabel „Das Pinguin-Prinzip" (Kotter & Rathgeber, 2006) verwendet haben. Die Nichtanerkennung dieses „schmelzenden Eisbergs" ist die Ursache für eine mangelnde Unterstützung von Scrum aus der Unternehmensführung heraus und begrenzt die Vorteile, die mit Scrum erreicht werden können. Sie untergräbt zukünftiges Führungspotential und kann sogar das Überleben einer Organisation gefährden.

In größeren Organisationen haben Scrum Teams und ihre Scrum Master nur einen eingeschränkten oder gar keinen Einfluss auf die formellen Vorgaben für die produktive Auslieferung von Softwareprodukten. Oft müssen Teams auf der Basis von strengen organisatorischen Vorgaben und Prozessen arbeiten, die als Teil des industriellen Paradigmas entworfen wurden. An diesen wird trotz nachweislich mangelhaftem Erfolg bei der Entwicklung von Produkten festgehalten. Häufig sind sie zu starr und nicht geeignet, um mit den schnellen Veränderungen Schritt zu halten, die so typisch sind für unsere aktuellen Märkte, externe Umstände und interne organisatorische Veränderungen.

Dennoch ist die Erfahrung mit Scrum überwiegend sehr positiv und entspricht dem gesunden Menschenverstand. Die Bewohner des Scrum-Hauses schätzen Scrum, weil es begeistert und Begeisterung erzeugt. Es ist deshalb keine Überraschung, dass Scrum häufig *von unten*, also aus den Teams heraus, eingeführt wird.

Man könnte meinen, dass hervorragende Ergebnisse, gute Zahlen und eine gesteigerte Produktivität zu einem Erfolg auch in höheren Ebenen der Unternehmen führen sollte. Die Erfahrung zeigt jedoch leider, dass das nicht unbedingt der Fall ist.

Organisationen verdienen eine aktive und ausdrückliche Unterstützung und Förderung von Scrum durch das Management, z. B. IT-Management, Verkauf, Produktmanagement oder Top-Management.

Wir brauchen ein Bewusstsein dafür, dass diese Unterstützung *wirklich dringend ist.* Es fängt damit an, die unangenehme Wahrheit zu akzeptieren, dass Vorhersagen weder Zuversicht, noch Sicherheit oder Kontrolle liefern können. Zuversicht entsteht durch die Realität, durch tatsächliche Erfahrungen und empirische Daten anstatt statischer und manipulierter Information. Der traditionelle Formalismus hat nicht zu besseren Ergebnissen geführt. Anforderungen ändern sich, unerwartete Anforderungen tauchen auf und Prioritäten verlagern sich.

Die Einführung über alle Hierarchieebenen hinweg ist Sache des Managements. Das Management ist nicht nutzlos, nur weil Scrum keine eigene Rolle dafür kennt. Scrum bietet auch keine Vorgaben, Artefakte, Ereignisse oder Rollen für viele andere interessante und nützliche Dinge oder Tätigkeiten in einer Organisation.

Das Ziel einer dauerhaften Scrum Transformation als Schritt auf dem Weg zu Agilität ist die Einbeziehung von Managern in das Spiel. Dies erfolgt durch ein strukturiertes, iterativ-inkrementelles Change-Programm. Ein solches Programm lebt von dem Streben nach Verbesserung und nutzt die "Bottom-up"-Begeisterung für Scrum. Ein solches Veränderungsprogramm geht organisatorische Bereiche nicht gemäß dem Wasserfall-Modell an. Eine typische Umstellung weg vom Wasserfall-Modell beginnt mit einer unternehmensweiten Einführung von Scrum und löst zuerst das Problem fehlender interdisziplinärer Teams. Dabei wird häufig festgestellt, dass die Softwareentwicklungsmethoden unzureichend sind, so dass als nächstes Verbesserungen in diesem Bereich vorgenommen werden. Danach möchte ein Unternehmen vielleicht die Einbeziehung der fachlichen Experten verbessern, und so weiter. Abhängig von der Größe des Unternehmens kann eine solche Umstellung leicht ein bis drei Jahre pro Bereich dauern.

Ein Veränderungsprogramm einer Organisation hin zu Scrum geht unterschiedliche Unternehmensbereiche parallel an. Interdisziplinäre Teams setzen diese Veränderungen parallel in kleinen Schritten in den verschiedenen Bereichen um und messen gleichzeitig die darauf wirkenden, übergreifenden Auswirkungen. Die regelmäßige Überprüfung der Messungen auf Unternehmens- oder Produktebene bilden die Basis für eine fundierte Entscheidung über die nächsten Schritte und Vorgehensweisen in den unterschiedlichen Bereichen. Die vertikalen, siloartigen Abteilungen werden schwächer. Grenzen werden eliminiert. Gemeinschaften entstehen.

Befugnisse wandern in der Hierarchie nach unten. Verantwortlichkeit wächst. Agilität entsteht. *Aber eines darf dabei nicht vergessen werden: Agilität ist nicht planbar.*

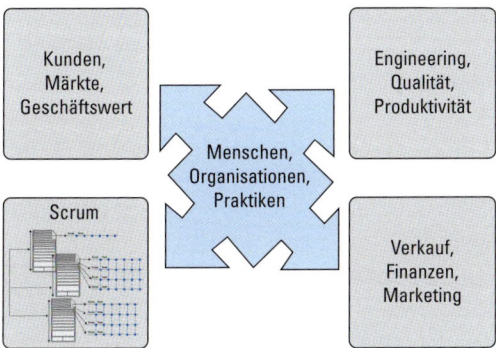

Abbildung 4.1 Unternehmensweite Scrum Transformation

In der Zukunft wird Scrum nicht mehr „Scrum" genannt werden. Was wir heute Scrum nennen, wird dann die Norm sein, die als neues Paradigma für die Softwarebranche übernommen wird und über die sich Organisationen neu erfinden werden.

Anhang A: Scrum Begriffe und Definitionen

Burndown Chart: Ein Diagramm, das den verbleibenden Aufwand über die Zeit zeigt und dadurch Tendenzen sichtbar macht.

Daily Scrum: Tägliches, zeitlich beschränktes (engl. *time boxed*) Event zum Planen der Entwicklungsarbeiten während eines Sprints. Es dient dem Entwicklungsteam dazu, in der täglichen Planung den Fortschritt zu überprüfen (engl. *inspect*) und das Sprint Backlog zu aktualisieren.

Definition of Done: Eine Liste von Erwartungen an eine Software, bevor sie produktiv eingesetzt werden kann.

Empirismus (engl. *empiricism*): Ein Ansatz für die Kontrolle und Überwachung von Prozessen, bei dem Entscheidungen auf Grund von Beobachtungen, Erfahrungen und Versuchen gefällt werden. Empirismus hat drei Säulen: Transparenz, Überprüfung (engl. *inspection*) und Anpassung (engl. *adaption*).

Entstehung (engl. *emergence*): Art und Weise, in der unvorhergesehene, übersehene oder unbekannte Details plötzlich unerwartet auftauchen.

Entwicklungsteam (engl. *Development Team*): Die Rolle im Scrum Team, die für die Durchführung inkrementeller Entwicklungsarbeiten verantwortlich ist, mit dem Ziel, ein auslieferbares Produkt-Inkrement zu erzeugen.

Normung (engl. *engineering standards*): Entwicklungs- und Technologie-Standards, die ein Entwicklungsteam anwendet, um jeden Sprint ein auslieferbares Produkt-Inkrement zu erzeugen.

Product Backlog: Eine Liste von Dingen, die getan werden müssen, um ein Softwareprodukt zu erstellen, zu pflegen und weiter zu entwickeln.

Product Backlog Verfeinerung (engl. *refinement*): Eine Aktivität, durch die der Product Owner und das Entwicklungsteam während eines Sprints das Product Backlog verfeinern und Details ergänzen.

Produkt-Inkrement: Potenziell auslieferbare Software, die eine Weiterentwicklung des letzten Produkt-Inkrements darstellt.

Product Owner: Die Rolle im Scrum Team, die für das inkrementelle Management sowie die Definition der geschäftlichen und funktionalen Erwartungen an das Produkt verantwortlich ist.

Scrum Master: Die Rolle im Scrum Team, die das Scrum Team und seine Umgebung in der korrekten Anwendung von Scrum coacht, trainiert und unterstützt.

Scrum Team: Ein Team, das aus Product Owner, Entwicklungsteam und Scrum Master besteht.

Scrum Werte (engl. *values*): Grundlegende Werte und Eigenschaften, die das Scrum Framework unterstützen.

Sprint: Zeitlich beschränktes Ereignis, das den anderen Scrum Ereignissen als Container-Ereignis dient.

Sprint Backlog: Eine Liste von Dingen, die zur Erreichung des Ziels des aktuellen Sprints umgesetzt werden müssen.

Sprint Planning: Zeitlich beschränktes Ereignis, mit dem ein Sprint startet. Es dient dem Scrum Team dazu, die wertvollsten Dinge zu identifizieren, die als nächstes umgesetzt werden sollen, und diese im Sprint Backlog zu verfeinern.

Sprint Retrospektive (engl. *Sprint Retrospective*): Zeitlich beschränktes Ereignis am Ende eines Sprints. Es dient dem Scrum Team dazu, den letzten Sprint zu überprüfen und den Prozess für den nächsten Sprint anzupassen.

Sprint Review: Zeitlich beschränktes Ereignis, mit dem die Entwicklungsarbeit in einem Sprint endet. Es dient dem Scrum Team und den Stakeholdern dazu, das im Sprint entstandene Produkt-Inkrement zu überprüfen, einen Eindruck vom allgemeinen Fortschritt zu bekommen und das Product Backlog zu aktualisieren.

Sprint-Ziel (engl. *Sprint Goal*): Ein kurzer Satz, der den Zweck eines Sprints beschreibt.

Stakeholder: Eine Person, die außerhalb des Scrum Teams steht und ein besonderes Interesse am Produkt oder besondere Kenntnisse zum Produkt hat, die für die inkrementelle Entwicklung notwendig sind.

Velocity: Ein Indikator für die durchschnittliche Menge an Product Backlog-Einträgen, die während eines Sprints vom Scrum Team in ein Produkt-Inkrement umgewandelt werden kann.

Anhang B: Referenzen

Adkins, L. (2010). *Coaching Agile Teams, A Companion for ScrumMasters, Agile Coaches, and Project Managers in Transition*. Addison-Wesley.

Beck, K. (2000). *Extreme Programming Explained – Embrace Change*. Addison-Wesley. _In Deutsch erschienen unter dem Titel „*Extreme Programming. Das Manifest.*" beim gleichen Verlag._

Beck, K., Beedle, M., v. Bennekum, A., Cockburn, A., Cunningham, W., Fowler, M., Grenning, J., Highsmith, J., Hunt, A., Jeffries, R., Kern, J., Marick, B., Martin, R. C., Mellor, S., Schwaber, K., Sutherland, J., Thomas, D. (February 2001). *Manifesto for Agile Software Development*. http://agilemanifesto.org/

Benefield, G. (2008). *Rolling Out Agile at a Large Enterprise*. HICSS'41 (Hawaii International Conference on Software Systems).

Cockburn, A. (2002). *Agile Software Development*. Addison-Wesley.

Giudice, D. L. (November 2011). *Global Agile Software Application Development Online Survey*. Forrester Research.

Hammond, J., West, D. (October 2009). *Agile Application Lifecycle Management*. Forrester Research.

Kotter, J., Rathgeber, H. (2006). *Our Iceberg Is Melting, Changing and Succeeding Under Any Conditions*. MacMillan. _In Deutsch erschienen unter dem Titel „*Das Pinguin-Prinzip: Wie Veränderung zum Erfolg führt*" beim Verlag Droemer HC._

Larman, C. (2004). *Agile & Iterative Development, A Manager's Guide*. Addison-Wesley.

Larman, C., Vodde, B. (2009). *Lean Primer*. http://www.leanprimer.com

Moore, G. (1999). *Crossing the Chasm, Marketing and Selling Technology Products to Mainstream Customers* (second edition). Wiley.

Pink, D. (2009). *Drive: The Surprising Truth About What Motivates Us*. Riverhead books. _In Deutsch erschienen unter dem Titel *"Drive: Was Sie wirklich motiviert"* beim Ecowin Verlag._

Schwaber, K. (October 1995). *SCRUM Software Development Process*.

Schwaber, K., Beedle, M. (2001). *Agile Software Development with Scrum*. Prentice Hall.

Schwaber, K., Sutherland, J. (April 2012). *Software in 30 Days: How Agile Managers Beat the Odds, Delight Their Customers, and Leave Competitors in the Dust*. Wiley. _In Deutsch erschienen unter dem Titel „Software in 30 Tagen: Wie Manager mit Scrum Wettbewerbsvorteile für ihr Unternehmen schaffen" bei dpunkt.verlag GmbH._

Schwaber, K., Sutherland, J. (July 2016). *The Scrum Guide*. http://www.scrumguides.org.

Standish (2002). *Keynote on Feature Usage in a Typical System at XP2002*. Congress by Jim Johnson, Chairman of the Standish Group.

Standish (2015). *Chaos Manifesto (The Laws of Chaos and the Chaos 100 Best PM Practices)*. The Standish Group International.

Sutherland, J. (-) *Oopsla '95 – Business Object Design and Implementation Workshop*. http://www.jeffsutherland.org/oopsla/schwaber.html

Sutherland, J. (October 2011). *Takeuchi and Nonaka: The Roots of Scrum*. http://scrum.jeffsutherland.com/2011/10/takeuchi-and-nonaka-roots-of-scrum.html

Taleb, N. N. (2007). *The Black Swan – The Impact of the Highly Improbable*. Random House. _In Deutsch erschienen unter dem Titel „Der Schwarze Schwan: Die Macht höchst unwahrscheinlicher Ereignisse" beim Albrecht Knaus Verlag._

Takeuchi, H., Nonaka, I. (January-February 1986). *The New New Product Development Game*, Harvard Business Review.

Verheyen, G. (December 2011). *The Blending Philosophies of Lean and Agile*. Scrum.org (http://www.scrum.org/Community/Community-Publications)

Verheyen, G., Arooni, A. (December 2012). *ING, Capturing Agility via Scrum at a large Dutch bank*.

VersionOne (2011). *State of Agile Survey. 6th Annual*. VersionOne Inc.

VersionOne (2013). *7th Annual State of Agile Development Survey*. VersionOne Inc.

Wiefels, P. (2002). *The Chasm Companion. A Fieldbook to Crossing the Chasm and Inside the Tornado*. Wiley.

Über den Autor

Gunther Verheyen startete seine Karriere in der IT im Bereich Softwareentwicklung nach seinem Hochschulabschluss im Jahr 1992. Sein agiler Weg begann im Jahr 2003 mit eXtreme Programming und Scrum. In den darauffolgenden Jahren arbeitete er mit immer größerer Hingabe mit Scrum und wurde ab 2010 die inspirierende Kraft hinter einigen großen Unternehmenstransformationen.

Gunther hat im Jahr 2013 das Leben als Consultant für eine Zusammenarbeit mit Ken Schwaber, einem der Urheber von Scrum, bei Scrum.org aufgegeben. Er verantwortete die „Professional Scrum" Serie, arbeitete mit dem globalen Scrum.org Netzwerk der Professional Scrum Trainer und hat den Agility Path und das Nexus Framework für skaliertes Professional Scrum mitentwickelt.

Gunther hat Scrum.org im Jahr 2016 verlassen und setzt seitdem seine Reise mit Scrum als unabhängiger Scrum Caretaker und Professional Scrum Trainer fort.

Wenn Gunther nicht gerade für Scrum auf Reisen ist, lebt und arbeitet er in Antwerpen (Belgien). Er ist dann froh, viel Zeit zusammen mit seiner Frau und ihren Kindern zu verbringen.

■ ÜBER SCRUM.ORG

Scrum.org führt die Evolution und Reifung von Scrum an, um die Profession der Softwareentwicklung zu verbessern, bis hin zur Ebene einer unternehmensweiten Agilität von Organisationen.

Scrum.org strebt danach, alle Werkzeuge und Ressourcen anzubieten, die Scrum Anwender und agile Experten benötigen, um Mehrwert durch Scrum liefern zu können. In enger Zusammenarbeit mit Jeff Sutherland pflegt Scrum.org den Scrum Guide in 30 Sprachen. Scrum.org bietet Scrum Assessments an, damit Menschen sich selbst beurteilen und verbessern können, betreibt Internet-Foren und Webcasts, um Diskussionen und Wissensaustausch zu ermöglichen und konzipiert marktführende Scrum Trainings für Anwender auf allen Stufen. All dies ist Teil der übergeordneten Sicht der Scrum.org auf die Unternehmensagilität, wie sie im „Agility Path" Framework beschrieben ist. Scrum.org wurde 2009 von Ken Schwaber, einem der Urheber von Scrum, zusammen mit Alex Armstrong, aus einer tiefen Unzufriedenheit mit dem damaligen Zustand der Softwareentwicklung heraus gegründet. Scrum.org hat seinen Sitz in Boston, Massachusetts (USA).

> "Scrum is free. Scrum's roles, artifacts, events, and rules are immutable and although implementing only parts of Scrum is possible, the result is not Scrum. Scrum exists only in its entirety and functions well as a container for other techniques, methodologies, and practices."
> (Ken Schwaber, Jeff Sutherland, The Scrum Guide)

Über die Übersetzer

PETER GÖTZ

Peter Götz hat in seiner Ausbildung als Fachinformatiker und im Studium der Medieninformatik den Beruf des Softwareentwicklers von der Pike auf gelernt. Seit 2006 arbeitet er in der IT-Beratung in verschiedenen Geschäftsfeldern, für verschiedene Kunden, mit unterschiedlichen Teams. Seit 2008 waren das mehr und mehr Umgebungen, in denen agile Methoden - hauptsächlich Scrum - verwendet wurden. Das Thema faszinierte ihn so sehr, dass er seit 2012 Professional Scrum Trainer für Scrum.org ist und nur noch in agilen Umgebungen tätig ist. Seit 2014 ist er als freiberuflicher Trainer und Coach für Scrum Teams tätig und freut sich, wenn seine Fähigkeiten als Softwareentwickler und -architekt dem Entwicklungsteam helfen.

Er lebt mit seiner Frau, seinen drei Kindern und ein paar Bienenstöcken in der Nähe von München.

Sie finden ihn als @petersgoetz auf Twitter und können unter https://pgoetz.de mehr über ihn herausfinden.

■ UWE M. SCHIRMER

Uwe M. Schirmer ist zertifizierter Java Architekt, Projektmanager und Scrum Master / Product Owner. Seine Liebe zu Computern und der Softwareentwicklung hat er bereits als Kind an einem ZX-81 entdeckt. Nach zwei technischen Berufsausbildungen und einem Studium der angewandten Informatik an der FH-Fulda ist er seit 1998 als Trainer und seit 2000 als Berater bei verschiedenen Kunden in unterschiedlichen Projekten tätig. Anfangs hat er seine Projekte noch ausschließlich mit klassischem Projektmanagement durchgeführt. Seit 2005 nimmt der Anteil agiler Projekte aber stetig zu und seit 2010 nutzt er in seinen Projekten fast nur noch Scrum. Uwe Schirmer ist bei Sopra Steria Consulting als Berater tätig.

Uwe lebt mit seiner Frau und seinen drei Kindern in der Nähe von Frankfurt.

Sie finden ihn als Uwe M. Schirmer auf Xing, LinkedIn und Google+. Auf seiner Webseite http://schirmer.org können sie mehr über ihn herausfinden. Unter @Schirmerorg ist er auch auf Twitter.